大家之家

科技卷　2

车吉心　谭好哲　主编

泰山出版社 · 济南 ·

图书在版编目（CIP）数据

大家之家. 科技卷. 2 / 车吉心, 谭好哲主编. --济南：泰山出版社, 2020. 1

ISBN 978-7-5519-0558-9

Ⅰ. ①大… Ⅱ. ①车… ②谭… Ⅲ. ①科学家—列传—世界 Ⅳ. ①K811

中国版本图书馆CIP数据核字（2019）第166859号

主　　编　车吉心　谭好哲
策　　划　胡　威　梁晓东
责任编辑　程　强　王艳艳　徐甲第
装帧设计　路渊源

DAJIA ZHI JIA：KEJI JUAN 2
大家之家：科技卷2

出　　版　泰山出版社
社　　址　济南市泺源大街2号　邮编　250014
电　　话　总编室（0531）82022566
市场营销部（0531）82025510　82023966
网　　址　www.tscbs.com
电子信箱　tscbs@sohu.com
发　　行　新华书店
印　　刷　东港股份有限公司
规　　格　787 mm × 1092 mm　16开
印　　张　14.25
字　　数　198 千字
版　　次　2020 年 1 月第 1 版
印　　次　2020 年 1 月第 1 次印刷
标准书号　ISBN 978-7-5519-0558-9
定　　价　46.00 元

序 言

呈现于读者面前的这套丛书命名为《大家之家》。所谓大家，即世界史上科技文化领域卓越非凡之人物，或曰伟大人物，而大家之家，乃大家曾经所居之所也。

在人类文明的发展史上，涌现出无数堪称大家的人物，他们以其令人景仰的道德品行、永载史册的丰功伟业、博大精深的文化创造，将人类历史的浩瀚长空映照得美丽璀璨。这些文明史上的大家，以各自超凡拔俗的人生业绩，在历史的舞台上展示出生命的奇迹与荣光，也铸就了人类文明的辉煌与魅力，其成就、思想与精神为后人所神往、敬仰以至崇拜，成为泽被后世的永恒精神财富。

诚如19世纪英国著名文学家、社会批评家和历史学家托马斯·卡莱尔所言，伟大人物是历史上的英雄，也是世界历史的精华，世界史上所取得的种种成就都烙刻着他们的创造，在广义上说是他们思想的外化和具体化。因此，追随大家的生命历程，与大家相识相知，以他们为人生的借镜与楷模，不仅能够领略人类文明的雄壮景观与创造精华，也能够从中获得无穷的人生教益与生命动力。卡莱尔满怀激情地写道："对于这些伟大人物，无论你以什么方式同他们接近，他们都是你有益的朋友。一个伟大人物，尽管他并不十全十美，我们也不能小觑他，从而失去他的帮助。他是一束光，靠近他就使人愉悦欢欣。他是一束耀眼的光芒，照亮了世界上的黑暗；他绝不仅仅是一盏点燃的灯，而是一颗沐浴着上帝的恩泽而闪闪发光的明星；在我看来，这永不熄灭的光芒使人茅塞顿开，令人刚毅坚强，促人英勇崇高。在它的照耀下一切人无不感到愉快，无论何时，人们都不会因此而生倦意。"这段由衷的赞美，也正体现出本丛书为大家立传的用意所在。

当然，历史上的大家也都是尘世中人，他们之所以能够成就其人生与事业之大，不是靠神灵的独特恩宠，也不完全是靠人生的偶然与运气，而主要是靠个人的努力与奋斗。其努力与奋斗的人生轨迹千差万别难以尽述，然而又有殊途同归的相似相同之处可以言说，其中之一便是家对于人生成长与成败所具有的意义。人人都生而有家。家是生命的孕育之地，是人生的成长之所，也是生命的行走驿站，亲情、友情、爱情、乡情都会在家里留下或深或浅的印记，甚至科技发明和文化创造中的苦思与妙想、艰辛与欢欣等等，也往往冥冥之中与家有着不解之缘。因此之故，历史悠久的家会成为物质文化遗存，名人故居更是成为人们倍加珍视的一种文化遗产。这种遗产是一个国家与民族历史文化成就的重要标志，不仅对于研究人类文明的演进具有重要意义，而且对于展现世界文化多样性也具有独特作用。这又是本丛书聚焦于“大家之家”的用意所在。

“大家之家”，既是大家之故居，也是大家之精神所在，还是人们游览与精神朝拜的场所。作为一种独特的历史和文化遗存，大家故居，虽然历经时光淘洗而往往物是人非或旧貌不再，但依然记录并留下了曾居其中的大家日常生活的点点滴滴，沉淀着历史、人文、经济、社会等诸多信息，成为名人精神的象征物，具有无可替代的人文价值和历史意义。本丛书着眼于通过“家”这种有形的文化遗存，来展现人类无形的精神文化遗产，以期达成对青少年甚至一般社会人士进行优秀文化传承教育之目的，从出版的角度也是希望能够在优秀文化传承教育方面另辟蹊径，作出新的探索。

本丛书从读者易于接受的角度考虑，在书写方式上也做了大胆的尝试。全书各篇都从大家的居住之处切入历史，以专业而通俗、轻松而深刻的文字为大家作传，通过对大家的人生故事、辉煌成就及思想创造的描写与评述，带领读者走进大家的成长过程、情感世界及奋斗历程，进而走进大家的精神世界，领略其博大的思想、境界和胸怀。这种写法以“大家之家”作为精神旅游的目的地，由作者作为一个面对读者娓娓道来的精神导游者，大大拉近了普通读者与伟大人物之间的历史与精神距离，避免了读者由于学识不足或专业隔膜带来的阅读障碍。相信每一位智慧而有志向的读者都能通过书中大家的奋斗经历和辉煌业绩，获得生命启示，点燃生命激情，树立远大理想，沐浴着精神的阳光走上人生奋斗之路，攀上人生理想之巅，像书中的大家一样无愧于自己的人生之旅，绽放出生命的大美与崇高！

谭好哲

（山东大学文艺美学研究中心教授、博士生导师）

2019.7

目　录

诺贝尔

提起瑞典的小城卡尔斯库加，国内一般鲜有人知，但这个名不见经传的小城却走出过一位享誉全球的科学家、诺贝尔奖的创始人——阿尔弗雷德·贝恩哈德·诺贝尔。

卡尔斯库加是一座林木环绕的滨海小城，人口并不密集，因此少了一些现代都市的喧嚣与纷扰，多了一丝静谧与清幽。诺贝尔故居坐落于卡尔斯库加市的白桦山庄，离首都斯德哥尔摩200多千米。从远处望去，一座红顶白墙二层小楼在白桦林中若隐若现，楼房前的椭圆形大草坪恰与之相映成趣。在草坪的正中央，一座诺贝尔的铜像正以其深邃的目光凝视着前方，仿佛在思虑着人类的未卜前途。

说到诺贝尔的故居，有一则逸闻不得不谈。正如我们所了解的，诺贝尔终身未婚，无子无女，在去世后留下了一笔巨款，设立了诺贝尔奖。然而，诺贝尔一生漂泊，除瑞典小城卡尔斯库加外，他还曾先后在俄国、意大利、法国居住。在他去世后，诺贝尔奖的归属权便成了各国争夺的对象。诺贝尔生活时间最长的城市巴黎与诺贝尔出生的小城卡尔斯库加展开了激烈的角逐，但双

诺贝尔故居（瑞典卡尔斯库加市白桦山庄）

方各执一词，迟迟没有定论，最终只得诉诸法律并由法国最高法院进行裁决。当人们都以为巴黎稳操胜券时，法国最高法院却宣布卡尔斯库加胜诉。原来，依据欧洲当时的法律，判定一个没有子女之人故乡的唯一依据便是其旧居有马槽且养马，而卡尔斯库加的白桦山庄恰与此相吻合。因此，卡尔斯库加小城便成为毫无争议的诺贝尔故居所在地和诺贝尔遗产的继承地。

诺贝尔虽出生于瑞典，但却在俄国长大，成年后又奔波于欧美各国，直到 1894 年，才逐渐萌生了回到祖国定居的想法。落叶总要归根，卡尔斯库加对于诺贝尔来说绝不仅仅是一个地名，而是归宿，是终点，是他可以栖息的家园。他在环境清幽、景色宜人的白桦山庄里度过了他生命中最后两年的大部分时光。诺贝尔的卧室陈设十分简单，只有床、桌和衣柜等几件必需的家具，而他的实验室里各种仪器和设备却琳琅满目。白桦山庄作为唯一保存完整的诺贝尔故居，每日到访的游客络绎不绝，常常有人千里迢迢来到这里，只为一睹这位“现代炸药之父”旧居之风采。同时，白桦山庄作为诺贝尔学术活动的中心，每年都会举办一场诺贝尔学术讨论会，来自世界各地的学者济济一堂，共同探讨科学领域中的新课题和新思想。

诺贝尔一生热衷于发明创造，各个领域均有涉及，除了我们耳熟能详的化工行业外，他在机械、电气、医疗等方面也取得了令人瞩目的成就。他的专利很多，尤其是在炸药方面的一系列发明使他成为“现代炸药之父”。他一生共有 355 项专利，并在全世界 20 多个国家内开设了多达 100 余家公司和工厂，只有“发明大王”爱迪生等极少数发明家拥有的专利数比他多。值得一提的是，诺贝尔具有极高的商业天赋。尽管爱迪生的发明专利数量是诺贝尔的 3 倍，但其遗产却仅是诺贝尔遗产的 1/3。不仅如此，诺贝尔还醉心文学，热衷于推进世界和平事业，是个极具人文情怀的科学家。就是这样一位伟大的科学家，不仅凭借其刻苦钻研的精神在世界科学史上留下了浓墨重彩的一笔，还将其毕生积蓄用于设立诺贝尔奖，奖励和表彰那些为人类作出卓越贡献的人。

19 世纪 60 年代中后期，工业革命在西欧各国如火如荼地展开，采矿、修渠、修建铁路等工程急需爆炸力威猛的火药。因此，提高炸药威力便成了摆在许多化学家面前一个亟待解决的任务。

事实上，硝化甘油并不是诺贝尔发现的。早在 1847 年，意大利科学家阿斯卡尼奥·索伯雷罗就用硝酸和硫酸处理甘油，得到了一种黄色的油状透明液体，即硝化甘油。硝化甘油一研发成功，苏伯勒若便意识到它是一种威力比黑火药大得多的猛烈炸药。但硝化甘油极不稳定，在强烈晃动下就会引发爆炸，因此它的制造、存放和运输都很危险，这也就使得许多化学家对其敬而远之。

具有远见卓识的诺贝尔深信硝化甘油具有很好的应用前景，下定决心投入巨大的精力钻研硝化甘油炸药的制法。在当时，虽然大批量生产硝化甘油是一种冒险行为，但诺贝尔却从容不迫，开始着手改进生产工艺，力求做到安全生产，凭借着惊人的毅力反复实验，最终研究出了安全生产硝化甘油的方法——“温热法”。诺贝尔对硝化甘油的性质进行深入思考，他逐渐意识到，要使硝化甘油成为真正意义上的炸药，必须要具备两个基本条件：其一，需要一种合理合适的引爆方式；其二，在不降低炸药威力的前提下，要尽可能使硝化甘油成为一种安全材料。在这个认识基础上，诺贝尔于 1862 年进行了一次重要的试验。他先在小玻璃瓶里装满硝化甘油，将小瓶装入填满黑火药的金属管内，同时又在金属管里插入导火管，密封上金属管口，在点燃导火管的瞬间将金属管扔进水沟。这次爆炸显然比同等数量的黑火药爆炸要猛烈得多。诺贝尔取得了巨大的成功！虽然直到 1912 年仍有学者在自己的文章中暗示硝化甘油的发明者苏伯勒若受到了严重的不公平对待，甚至呼吁将诺贝尔奖更名为“苏伯勒若－诺贝尔奖”，但现有资料表明，的确是诺贝尔首先实现了硝化甘油的安全生产，并在确保安全的前提下释放了它的爆炸威力。

实验的初步成功足以证明诺贝尔已经掌握了安全引爆硝化甘油的方法，但这次爆炸的主体仍是黑火药，硝化甘油还未能被完全引爆。为此，诺贝尔夜以继日地潜心研究，3 年后终于发明出雷管。这种雷管与比克福德发明的安全导火索合用，成为硝化甘油炸药的可靠引爆手段。诺贝尔将硝化甘油和雷管结合,研发出继黑火药之后的又一种新式爆炸材料。此后，虽然硝化甘油得到了广泛的运用，但其风险也逐渐显现：硝化甘油本身不稳定，对存储温度和运输条件有较高要求，途中的颠簸都有可能导致爆炸。果不其然,硝化甘油爆炸的事件屡有发生。在美国旧金山，运输硝化甘油的过程中就发生了一起严重的爆炸，当时整列火车被炸得四分五裂。无独有偶，德国一家化学工厂也因运输硝化甘油时发生了碰撞而导致了大爆炸，工厂和周围的民房直接化为废墟。相同的情况还发生在“欧罗巴”号货轮，其因运输硝化甘油更是船毁人亡，葬身大西洋。这些惨痛的教训迫使各国政府纷纷出台政策，禁止企业运输诺贝尔研发的硝化甘油炸药。这无疑给诺贝尔的发明之路造成了更为艰巨的考验。

万幸的是，上帝在关上一道门的同时，为诺贝尔打开了一扇窗。诺贝尔无意之中发现疏松的硅藻土可以吸附硝化甘油，不仅如此，他还发现这种混合物的稳定性远远高于硝化甘油。但是，只要存在爆炸的风险，安全问题便始终如悬在人们头顶上的达摩克利斯之剑一般，让人心惊胆战。这也使得诺贝尔无法安眠，于是他反复进行实验，不敢有丝毫倦怠。上天不负苦心人！经过无数次实验，他最终将25%的硅藻土与75%的硝化甘油混合，造出了运输、储存及使用都很安全的安全炸药。诺贝尔把这种新型的爆炸材料命名为达纳炸药。曾有人质疑这个名字是为了掩饰其不过是硝化甘油与非常疏松的硅酸盐相结合的本质，诺贝尔自己却解释道，这是为了让人们注意到达纳炸药在新形式下的易爆特征及安全性能，突出强调这一新型炸药与之前的炸药是多么不同。面对众人的怀疑与不解，为了打消人们对达纳炸药的疑虑，1867年，诺贝尔选择用事实说话：无论是在点燃的木柴堆上炙烤，还是扔下20米深的山谷，达纳炸药都不会被引爆；反而是他在钻孔、铁桶和石洞中装入的达纳炸药能被雷管轻轻松松引爆。诺贝尔的这次实验无疑是非常成功的，不仅是对质疑与轻视的有力回击，更是给人们吃了一颗定心丸，人类正式进入了炸药生产的全新阶段。

科学的进步都是建立在问题的发现这一基础之上的，经过一段时间的检验后，诺贝尔逐渐发现达纳炸药仍然存在缺点。不活跃的硅藻土降低了硝化甘油的爆炸力，使达纳炸药威力大大逊色于纯度较高的硝化甘

诺贝尔雕像

故居正门

油，所以仍有部分国家铤而走险使用高纯度的硝化甘油炸药。此外，达纳炸药在潮湿环境下或者受到挤压时容易析出硝化甘油，依然存在巨大的安全隐患。找到兼有硝化甘油的爆炸力及达纳炸药安全性能的新炸药，便成为诺贝尔新的努力方向。1875年的一天，诺贝尔在做实验时不小心将手指划伤，于是他随手拿起硝化纤维素敷在伤口上。由于伤口过于疼痛，他久久无法入睡，一直在思考困扰他许久的问题：如何才能消除达纳炸药的缺点。诺贝尔不经意瞥见手上能够吸收血液的敷料，灵光乍现：为什么不用含氮量较低的硝化纤维素与硝化甘油混合呢？他一骨碌爬起来又专心致志地做起了实验，全然忘却了使他失眠的疼痛。天微微亮时，一种新型的胶质炸药研制出来了，这就是后来举世闻名的明胶炸药。明胶炸药不仅不怕碰撞和摩擦，而且还可以在水下使用。毫无疑问，这是那个时代最强烈的爆炸物，是划时代的发明。

自爆炸威力更强、安全性能更佳的达纳炸药和明胶炸药应用于矿山开采、河道挖掘、隧道爆破等领域以来，世界各国防务部门纷纷开始呼吁改进军用爆炸材料。虽然明胶炸药的发明已充分显露了诺贝尔在化工行业的杰出才能，但诺贝尔并没有扬扬自得，停滞不前。自15世纪黑火药广泛应用于战争以来，欧洲大陆就进入了漫长的黑火药时代。诺贝尔曾在伦敦的一次演讲中谈及黑火药比之硝化甘油的不可替代性："这种老式的材料确实具有值得羡慕的弹性，它可以用于绝大多数不同的用途。"[①]尽管黑火药的爆炸威力远远不及硝化甘油，但硝化甘油却因其易爆炸的特性无法制成炮弹装入炮筒中。于是，诺贝尔在很长一段时间都全身心投入到新型火药的研制工作中。在给哥哥罗伯特的信中，他讲述了如何带着午餐盒乘早班火车去塞夫朗－利维实验室的事。他说："我现在整天忙忙碌碌，每天要到很晚的时候才能知道是否能返回巴黎休息。因为实在太晚了，将就着在实验室过夜也是很常有的事。"[②]诺贝尔非常详细地在其日记中记载了他和助手乔治·费任巴彻长达 8 年的实验过程，他希望能研制出一种威力更大、烟雾更少的火药。经过诺贝尔及助手漫长的努力，1884 年，硝化甘油与硝化棉加 10% 樟脑的高爆炸性无烟火药终于问世。诺贝尔成功地让火药在燃烧时只产生水蒸气且基本无烟雾。与达纳炸药一样，诺贝尔也为这种无烟火药起了一个特别的名字——巴里斯太，今天瑞典人则称之为诺贝尔火药。无烟火药被许多专家誉为诺贝尔为人类做出最大贡献的发明，它的出现是对火炮、鱼雷等爆破材料的技术性革命。

合格的炸药必须要具备 3 个基本条件：威力大、安全性强、有可控性。诺贝尔发明的达纳炸药、明胶炸药和无烟火药，以及后来的引爆雷管，都完美地符合了这三大基本条件。从这个意义上，我们可以说诺贝尔是当之无愧的"现代炸药之父"。正如有的评论家所说，诺贝尔发明的一系列具有极强威力的炸药，像导火索一样引爆了导致社会财富高速增长的真正的"工业革命"。

---

①② 范特．诺贝尔全传 [M]．王康，译．北京：世界知识出版社，2014：287.

夭折的文学梦

诺贝尔在少年时代便深受英国诗人雪莱的影响，并曾因此梦想着成为第二个“雪莱”。这位英国浪漫主义诗人身上所表现出的理想主义，成为鼓舞诺贝尔不断前行的力量。

诺贝尔酷爱读书，甚至到了痴迷的地步，在他给朋友索菲亚·赫斯的信中就曾多次提及这一点。诺贝尔认为一个不读书不动笔的人虽生犹死。因此，他不仅热衷于阅读同时代的文学作品，而且对各个国家的文学作品均有涉猎，以雪莱、莎士比亚为代表的英国文学自是不必多言，包括法国、俄国以及他的祖国瑞典在内的各国的文学作品，他亦保持着极大的热情和兴趣，曾一度到了手不释卷的地步。“诺贝尔对读书达到了如饥似渴的地步，他挑选绝对可靠的最好作家的作品，他在信中常常引用莎士比亚的名言，但他最推崇的还是雪莱的作品，他是自己诗歌尝试的榜样。”①

除了热爱文学，诺贝尔还能够毫无困难地使用 5 种语言写信，这不仅是因为其语言方面令人惊叹的天赋，更多的是因为他在学习语言时严肃认真的态度：他曾将法国作家伏尔泰的作品翻译成瑞典语，但他并不满足于此，进一步将译文翻译成法语，然后再与原文对照以纠正翻译的错误。不仅如此，他最早的诗歌是用雪莱的母语——英语写成的。他 18 岁时在巴黎写了一首自传体诗歌，在这首诗中，他讲述了一个凄美动人的爱情故事。这首诗在诺贝尔到英国出差时，曾由一个名叫列夫·雷新汉·史密斯的英国牧师朗读过。这位牧师对文学非常感兴趣，还为此写了一段较长的评价：“那些思想，即便不是始终正确的话，它们却是那么实在又华丽，没有任何读者会马上抱怨其愚钝，也不再像《失乐园》

---

① 范特．诺贝尔全传 [M]．王康，译．北京：世界知识出版社，2014：44-45.

故居阳台

的结尾那样遗漏韵律的节奏。我不但非常仔细而且非常挑剔地看过这首诗，你从我添加的附注里就能看得出来。我认为这应该是一个英国人极妙的作品，可事实上作者是一个外国人，这使他变得百倍的不可思议。我曾勤奋地试着找出每一个语法错误及错误的成语，而你看它们的数量是如此之少。在整个 425 行诗作中只有不到半打平庸的句子。如果你能用英语方言写出这样的诗歌，那么用你自己本国的语言还有什么不能写的呢，尤其是，如果你继续下去，像弥尔顿那样，再过几年你的经验会更加丰富，你会将思想中的粗糙之处柔化下来，你能够完美地驾驭词汇。”①

但是正当诺贝尔逐渐向着文学这个方向迈进时，他却犹豫了。有很长一段时间，诺贝尔一直处于摇摆不定难以抉择的状态，他无法确定自己想要的究竟是诗人这样浪漫却充满风险的生活，还是发明家那样体面却同样闪烁不定的未来。“二战”时期，瑞典的一位外交部长克里斯蒂

① 范特．诺贝尔全传[M]．王康，译．北京：世界知识出版社，2014：46.

故居廊道

安·古恩特曾在他的作品中慨叹道，一个人达到自己的目标不过就是看着自己的理想像雾一样消失，也就是更加两手空空的孤独地站在那儿，权力、荣誉、财富除了像仇恨与羡慕之海中的礁石之外，还能是什么？这段话用在诺贝尔身上再合适不过。诺贝尔的父亲认为作家并不是一个正式且稳定的工作，所以一直非常不赞成诺贝尔成为诗人。当然，促使诺贝尔做出妥协的其实是落在肩头的责任与压力。虽然随着父亲的发明不断投入生产，家庭经济得到了大幅度改善，但由于诺贝尔曾近距离地看到父亲在俄国打拼期间的艰辛，体验过食不果腹、衣不蔽体的困难生活，所以他放弃了当作家的念头，答应父亲出国留学，安心做一个发明家。对诺贝尔来说，这次妥协令自己付出了极为高昂的代价，他为了兑现自己对家人的承诺，终其一生都在打消自己想要成为诗人的强烈念头。在他看来，他完全具备进入文学领域的勇气与胆量，这一被强行压抑的念头在他脑海中留下了深深的伤痕，为此他饱受折磨。

尽管诺贝尔将大部分时间倾注在了炸药的研制上，同时又为企业的管理运营所累，但他热爱文学的心从未有一刻停止跳动。诺贝尔自称第一祖国是瑞典，第二祖国是实验室和炸药王国，第三祖国则是书本和写作。可以说，在诺贝尔的生命中，没有什么事情会比科学与文学更能牵动他的心绪。他曾创作过自传体长诗《一则谜语》，晚年写过《在明亮的非洲》《姊妹们》等小说，并借以表达了他对社会发展的积极态度。1895年之后，诺贝尔更是转向了戏剧创作，写作了喜剧《杆菌发明专利权》，表达了他对社会现实的抨击以及讽刺。此外，他还在 1895 年出版过一部戏剧作品《内密西斯》。他的遗嘱执行人认为："一本如此单薄的剧本显然不足以追悼具有如此影响力的人物的灵魂。"[1] 诺贝尔最终只有 3 部作品得以保存，其余的全部销毁。虽然对今天的我们来说这无疑是非常遗憾的，但换个角度来看，这未尝不是合理的。在他终日忙碌的研究时光中，文学一点点离他而去。诺贝尔的研究者亨利·苏克曾直言不讳地说，该剧本在人物性格刻画、语言处理方面具有明显的不足，我们不能因为一个人在 63 岁时才开始写作剧本就不提出批评意见，而且，《内密西斯》中的对话语言其实是一种僵硬的书面语言，而不是诺贝尔所认为的诗歌式散文。诺贝尔还曾经将《内密西斯》送给一位瑞典的女作家，请她指出不足，但当她提出可以帮助诺贝尔修改这一剧本时，诺贝尔却明确地表示拒绝："我在从伦敦匆忙发出的信中，未能清楚地表达我的意思。我要说的是：在文学作品方面，我不要同任何人合作。我希望依靠自己的双翼凌空飞翔，而不愿借助于他人的翅膀。一个作者不应该允许别人对自己的作品改动一个字，但应当永远欢迎别人的批评，且批评得越厉害越好……我将把这部小剧本送到克里斯提安尼亚（今挪威首都奥斯陆）制胶版印刷。"[2]

那么，如此热爱文学的诺贝尔为何要回避自己剧本当中明显的缺陷，并执意将其发表，甚至译为多国语言呢？一个答案是，具有缺陷的《内密西斯》其实是他的精神遗嘱，他希望最后一次把他的思想观念用自己喜欢的方式表达出来。《内密西斯》当中有一段启蒙哲学家的独白："在欧罗巴令人恐怖的黑暗中闪现一束光亮。一个更为人道的看法会普适所有阶级。这种思想会把神奇的微光借给让人神魂颠倒和悔悟的世界。而我们会因为是我们的国家举起了文明大旗而自豪。这是我们的哥伦布、

---

① 范特. 诺贝尔全传 [M]. 王康，译. 北京：世界知识出版社，2014：43.

② 哈拉兹. 诺贝尔传 [M]. 唐明强，沈涤，译. 天津：天津人民出版社，1985：234-235.

伽利略、达·芬奇、布鲁诺，我们的哲学家、诗人和艺术家，他们最早引领这个世界进入更高的目标，而非煎熬我们的同类并榨干他们的脑汁。”在剧本中，他还谈及对地中海沿岸的热爱，对间谍的害怕，女孩应该选择一个成熟的男人而非一个小伙子，被活埋的恐惧，等等。诺贝尔在法院受到过屈辱,他还试图通过《内密西斯》这一剧本为自己平反，但他在该剧的第一场就表达了他的悲观态度：不管是这里，还是坟墓另一边，都不存在任何公正。甚至在该剧的第二幕第二场当中，诺贝尔毫不掩饰地表达了自己的思想：

> 我就这样长大，成为一个内心世界诗意盎然的会思考和有意识的东西，它不会被暴虐摧残。我们美妙地吟唱诗人的歌曲，对我来说，好像是感觉和精神世界令人销魂、予人慰藉的回音。它们是我忠实的同伴，我的思绪因此经常于明星闪烁的夜晚在地中海之滨畅游……有时我会梦想在一个更好的世界里醒来，进入其中的梦乡，预先品尝死亡的滋味，穷尽生活的所有场景，让人能远离这些追逐、战争和苦难，享有片刻的安宁。

这些自传式的独白，让我们距离这位科学界的发明大亨的内心世界更近了。尽管从文学角度看,《内密西斯》部分章节存在一些缺陷，但它仍不失为一部很有价值的个人文献。

追不上的爱人

谈到诺贝尔的爱情，始终绕不开这 3 位女性：一位是在巴黎相遇的初恋情人，一位是求之不得的女秘书贝尔塔·冯·苏特纳，还有一位是年轻貌美却贪婪粗鄙的卖花姑娘索菲亚·赫斯。她们构成了诺贝尔的整个感情生活。与他处理科学问题时的得心应手完全不同，诺贝尔在爱情面前甚至可以用手足无措来形容，“他是一个见到女人很羞怯甚或粗鲁但殷勤有礼貌的绅士”[①]。诺贝尔终身未婚，虽然也曾渴望幸福，但他却从来没有收获一份真正圆满的爱情，既无妻室儿女，也无固定住所。因此，无论生前还是身后，人们常常称他为“最富有的流浪汉”。

除了诺贝尔自身的原因，也有研究者认为诺贝尔的母亲在这其中产生了一定的影响。诺贝尔从小体弱多病，因而得到了母亲较多的关爱，这与父亲对他过分严厉的管教形成鲜明的对比，也就使得他对母亲十分依赖，两人之间形成了一种母子互相关怀的相处模式。诺贝尔不仅会长途跋涉为自己的母亲庆祝生日，还会带回数不清的礼物以取悦母亲，甚至会给母亲留下大量钱财供她周济他人。他的母亲活到了86岁，几乎伴随了诺贝尔的一生，美国作家尼古拉斯·哈拉兹更是暗示诺贝尔的母亲其实在某种程度上阻碍了他的婚姻。已有的信件表明，母亲在诺贝尔的生命中扮演了非常重要的角色，一直到生命的最后她给儿子的信里还流露出情意绵绵的味道，例如，自称为“小老太”“你的最老的老友”。一方面，“他母亲在他心目中是一个圣洁的形象，这形象使别的女性都黯然无光，并使他滋长了一种对同女人发生性关系的厌恶之情”[②]；另一方面，“像那些一心要把儿子占为己有的母亲那样，如果儿子不能一心向着她，她至少能够阻止别的女子把他从她的身边抢走”[③]。

诺贝尔最初的爱情故事发生在浪漫的巴黎，他在一家药店里邂逅了一位年轻的瑞典姑娘，很快两人便坠入了爱河，然而有缘无分，这位姑娘不久后猝然病逝。这件事对诺贝尔的打击非常大，他很长一段时间都沉浸在悲伤里难以自拔，还在其自传体诗歌当中对她极尽赞美之词，并表达了不能与之相守的悲痛：

——当我们重逢时，
我感到无比的幸福，

① 范特．诺贝尔全传[M]．王康，译．北京：世界知识出版社，2014：129.

② ③ 哈拉兹．诺贝尔传[M]．唐明强，沈涤，译．天津：天津人民出版社，1985：23.

我们要一次又一次地重逢，
直到我们相拥着到达天堂；
而我得知她和我有同样的感觉，
她给了我一个吻，
一个纯洁的吻，
一个神圣的吻，
一份最洁净的挚爱，
尽管上苍没长眼睛，
可是全能的上帝在那里照看着我们。

我想我们将像普通人那样结婚生子，
同甘共苦一生。
可世事难料，
另一个新郎对她有了非分之想，
她和死神结了婚。

最后几行交代了一个悲剧性的结局。那位年轻的瑞典姑娘得了肺结核，很快便过世了。对那个姑娘的思念让他写下了如下的诗句：

我成了一个在这个热闹世界中的孤独隐居者，
我决定把我的生命，
仅仅献给高贵的义务。
从那一刻起，
我不再与众同乐……

诺贝尔的第一段爱情就这样随着这位不知名的瑞典姑娘的离世而告终，他悲痛不已的同时还对其保持了长久的思念。尽管我们从现有资料当中无法得知诺贝尔与这位初恋情人更加具体而感人的故事，但无疑她的到来像一束光，照亮了诺贝尔内心最柔软的地方。

诺贝尔自幼时起便习惯性地封闭自己，因而阴沉忧郁一直伴随着他。尽管随着明胶炸药在世界各地投放生产，其收入大幅增长，但据他

写字台

信中的说法，他生活中的黑暗却并没有被驱散。诺贝尔开始寻找一个能够与他在精神和情感上进行交流的人，后来他也在信件中提及："我或许比其他人感受到更多孤独的重压，在很多年里，我曾经寻找某个能向其敞开心扉的人。"他把这看作上天的馈赠。就是在这样的期许下，一位对他余生有着重要影响的女性走进了他的生活。这一时期的诺贝尔终日忙碌，为了及时有效地处理日渐增多的信件，他急需一个语言能力较强的私人秘书，为此在报纸上登了这样一则广告："一个成熟且受过高等教育的老先生寻找一位语言能力较强的女士做秘书和管家。"就这样，贝尔塔来到了诺贝尔身边，做了他的秘书。诺贝尔对贝尔塔一见倾心，无奈她早已心有所属。两人虽无缘结为连理，但这段柏拉图式的单相思不仅没有给诺贝尔造成精神伤害，还使得诺贝尔和她保持了终生的友谊。有研究者认为他们能够保持良好关系的原因在于，"对贝尔塔而言，爱情是合乎常情的，最微弱的火星也能在她心里燃起新的爱情之火，因而，阿尔弗雷德怯生生的愿望也可能引起这种火花。当她每年诚挚地向阿尔弗雷德祝贺新年的时候，她心里就有这样的火花"[①]；对诺贝尔而言，贝尔塔的问候是一种安慰，她成了他倾诉衷肠的对象。后来，贝尔塔成了一位知名的作家和和平主义的狂热追随者。在两人的通信中，诺贝尔多次和她交流了和平主义思想，"她在和平问题上，或者于他在遗嘱中写上了关于和平奖金的条款这一点上，可以被

① 范特. 诺贝尔全传 [M]. 王康，译. 北京：世界知识出版社，2014：137.

故居餐厅

认为是曾对诺贝尔的态度起过影响作用的人”[1]。贝尔塔获得了 1905 年的诺贝尔和平奖。

随着贝尔塔的离去，诺贝尔再次回归孤单，他从此不再寄希望于从任何女性那里燃起对爱情的渴望。他在《内密西斯》中这样写道：

> 在持续的受虐下，人们会失去对光明未来的信心。我的前途在我看来就如监狱一般黑暗……对您的爱如同神像般留在我的灵魂里。

字里行间满是对爱情的失望与无奈，这就是他邂逅年仅 20 岁的卖花姑娘索菲亚·赫斯时的心理状态。这两人，一个年长孤独却有钱，虽醉心于科学却渴望拥有温暖的家；一个年轻貌美却贫穷，虽朝气蓬勃却缺乏教养，穷困潦倒。在最初爱情来临时，诺贝尔对她宠爱有加，以至于只要一有闲暇便会回到索菲亚所在的维也纳北郊浴场。尽管他们共同

① 范特. 诺贝尔全传 [M]. 王康，译. 北京：世界知识出版社，2014：363.

度过了一段短暂而又甜蜜的幸福时光，但巨大的身份差异所带来的负面影响逐渐显现。从现存的信件来看，索菲亚字迹潦草，显然没有接受过正规教育，“诺贝尔不止一次不依不饶地指出她这一点，她的信经常给人一种匆匆忙忙的印象，内容大多数是要钱或者她的身体状况，等等”[①]。不仅如此，诺贝尔对于索菲亚精神上的贫瘠也慢慢流露出不满的情绪：“她写的信就像在讲大白话，没什么思想，写得含混不清，内容大部分是一些日常传言。”[②]诺贝尔梦想着他能有一个在精神上可以达到共鸣的伴侣，显然这位年轻的维亚纳女孩并不能满足他的诉求。诺贝尔多次指出她应提高自己的文化水平、扩展视野，而索菲亚却对诺贝尔高高在上的说教式口吻很反感。当诺贝尔接二连三地在信件中提及生意场上的困惑与烦恼时，她开始厌倦了，不再一封封地给诺贝尔写信以巩固自己的地位。他们在信中的口气也日渐陌生起来，诺贝尔对索菲亚大肆指责，而索菲亚也只是将诺贝尔视作一个讨人厌的金库而已。虽然双方互不满意，但却又彼此需要。一方面，孤单的诺贝尔离不开索菲亚的陪伴；另一方面，索菲亚又不能脱离诺贝尔的经济支援。所以，两个人便只能以满足各自欲望的方式抱团取暖。但显然诺贝尔对索菲亚的需要更强烈一些，即使索菲亚有了外遇甚至生下了别人的孩子，诺贝尔也一直无法与她一刀两断。这种不幸的关系，是造成诺贝尔晚年患忧郁症的最主要原因。诺贝尔死后，索菲亚为了要钱，以公布她与诺贝尔两人的私人信件为由要挟诺贝尔遗嘱的执行人，遗嘱执行人被迫花钱买下这些信件。

这就是诺贝尔生命中的三段感情中的女主人公，一个早逝，一个无缘，一个无知而负心。诺贝尔的爱情像悲剧一般。诺贝尔也曾写过一些爱情诗，很难说这些诗有特定的对象，不过起码可以表明他是一个渴望爱情的人。但不幸的是，诺贝尔一生也没有得到自己需要的东西，在他的成年生活中，没有一个能帮助他、理解他的异性与他生活在一起，分

---

①② 范特. 诺贝尔全传[M]. 王康，译. 北京：世界知识出版社，2014：142.

享他工作中的乐趣。这和他在发明火药方面的成功相比，简直是天壤之别。

备受争议的捐赠

1896年11月23日，诺贝尔因突发脑出血在书房中跌倒，尽管身边的仆人第一时间做了应急处理，但当医生赶到时，诺贝尔的大脑已陷于局部失控的状态。这位曾经能够轻松运用5种语言的天才在生命的尽头却连自己的母语都讲不连贯，更别提其他语言了，“可在病榻周围的仆人都是法国人，医生是意大利人。他们面面相觑，无可奈何，无法听懂他的临终遗言”①。同年12月10日凌晨2时，诺贝尔与世长辞，享年63岁。诺贝尔临终时，没有一个亲友在身边，甚至连他喜欢的助手索尔曼也远在他国。恰如他生前所担心的：“没有一个好心的亲友替我合上眼皮，在我耳边轻轻地说一句诚恳的、安慰的话。”②

诺贝尔在即将走向生命终点的几年里，曾三易其遗嘱。第一份立于1889年，于1893年进行修改。直到1895年，他才将遗嘱终稿存放在斯德哥尔摩的一家银行。这份遗嘱中，诺贝尔取消了分赠亲友的财产，将自己的全部财产用于设立奖励基金。遗嘱于1897年初在瑞典公布于众后，世人哗然，不仅有部分亲友对其遗产分配颇为不满，社会各界更是带着误解纷纷口诛笔伐，横加指责。引起如此滔天巨浪的究竟是怎样的一份遗嘱呢？诺贝尔在遗嘱中将其遗产做了如下分配并给出解释：

> 这份资本由我的执行者投资于安全的证券方面，并将构成一种基金；它的利息将每年以奖金的形式，分配给那些在前一年里曾给予人类最大利益的人。上述利息将被平分为5份，其分配办法如下：一份给在物理方面做出最重要发现或发明

---

①② 哈拉兹. 诺贝尔传[M]. 唐明强，沈涤，译. 天津：天津人民出版社，1985：236.

诺贝尔实验室

的人；一份给做出过最重要的化学发现或改进的人；一份给在生理和医学领域做出过最重要发现的人；一份给在文学方面曾创作出有理想主义倾向的最杰出作品的人；一份给曾为促进国家之间的友好，为废除或裁减常备军队，以及为举行和平会议做出过最大或最好工作的人……我的明确愿望是，在颁发这些奖金的时候，对于授奖候选人的国籍丝毫不予考虑，不管他是不是斯堪的纳维亚人，只要他值得，就应该授予奖金。

1897 年 1 月 2 日，诺贝尔的遗嘱还没来得及在报上公布，就有要求改变“不切实际的”遗嘱决定的声音，甚至还有人提出废止诺贝尔的遗嘱。另有一部分持反对意见的人则坚持认为，在很多人有用款需求时却花这么多钱奖励少数几个研究人员，实在是一种浪费。再加上诺贝尔对炸药的发明研究已经到了痴迷的程度，诺贝尔设立和平奖的动机也因此备受质疑，甚至遭到众人的挖苦讽刺。

诺贝尔在遗嘱中关于设立和平奖的决定，自遗嘱公布之初争议声便

故居花园

不绝于耳。其实，诺贝尔本人是非常热爱和平的，这不仅体现在他平时的言论上面，更体现在他的生活中。他身体力行，多次参与和平运动，并支持自己的挚友贝尔塔的和平事业。《每日新闻》曾刊登过瑞典工程师和大炮设计者阿克塞尔·威林写的一封信："你们那些没有幸运见识过世的诺贝尔的读者，会对他要给在促进和平方面最有成就者予以奖励与他终生从事的事业觉得有点不和谐，尤其是了解到他还是瑞典最大的大炮工厂的唯一业主后更是如此。诺贝尔对于战争怀有深深的厌恶，这在他的朋友中都很熟悉。有一次我就改进一些武器器材给他去信，我于1896年1月5日收到他的回信，该信是如此结尾的，'对我来说，我希望大炮及炮架以及所有的附属物都应送到地狱，那里是安置和使用它们的最合适的地方'。"[1] 值得一提的是，诺贝尔在当时就提出了一种类似今天我们所说的"核武器威胁论"的思想，他多次指出"要发明一种大

① 范特. 诺贝尔全传 [M]. 王康，译. 北京：世界知识出版社，2014：405.

规模杀伤性战争器材或机器，以遏止战争再次爆发”。这就是核武器这柄达摩克利斯之剑开始悬在人们头顶上之前诺贝尔关于大规模杀伤性武器的设想。虽然诺贝尔被誉为“炸药大王”，但这一切只是基于他对科学的热爱，正是因为始终保有这样的好奇与热忱，他才能在无数次发明过程中遇到瓶颈时不眠不休，埋头实验。

至于诺贝尔文学奖的设立，质疑声同样不绝于耳。反对者认为诺贝尔文学奖只颁发给在世的作家是对先贤的不尊重，但诺贝尔却有自己的想法。受雪莱启发，诺贝尔有理想主义倾向，所以他对于当时理想主义诗人列德贝里的作品十分欣赏。当被请求对诗人的纪念碑提供赞助时，诺贝尔给了一笔赞助费并讲了这样一段话：

> 与建造纪念碑以愉悦逝者的眼睛相比，我宁愿照顾那些活着的胃,因为它们还空着。即便人们相信灵魂有独立的人格，也不能肯定它是否长眼睛。尽管如此，我还是签了300克朗的支票。那些作家，他们的作品就是纪念碑。他们不需要任何其他的纪念碑。

诺贝尔的遗嘱公布以后虽不断遭世人非议，但总的来说大部分反馈都是积极的。不吝赞美之词的也大有人在：

> 《新杂文日报》:“这份遗嘱毫无疑问是要唤醒整个文明世界对创造人类最美好未来者最大范围的关注，这是其他人想干而没有干成的壮举。”
>
> 《每日新闻》:“阿尔弗雷德·诺贝尔的遗嘱于1896年12月31日星期四公布，这个日子由此成为人类文明史上一个具有标志性的日子。”
>
> 《瑞典日报》:“在瑞典，只有一个可以和诺贝尔奖相比拟的壮举，即古斯塔夫二世·阿道夫将其个人继承遗产转让给乌普萨拉大学……”

无论最初诺贝尔在设立这几个奖项时思虑是否周全，标准制定是否公允，不可否认的是诺贝尔在过去100多年的时光里为推动人类文明的进步贡献了自己的力量。诺贝尔奖为这位天才发明家、具有远见卓识的爆炸材料王国缔造者，以及一个无偏见的人道主义者树立起了一座无法摧毁的丰碑。

在今天，诺贝尔奖已经家喻户晓，其影响范围之广、程度之深自是不必多言。其实，对于诺贝尔的负面评价在其生前便已不绝于耳，诸如“甘油炸药大王”“靠制造毁灭性武器发大财的大实业家”“死亡商人”，等等，因而有很多人认为诺贝尔是出于“补过赎罪”的目的才将其全部遗产设为奖金。但当我们细细考究事情的始末，就会发现这样的观点有失偏颇。诺贝尔和他父亲最初研究硝化甘油炸药，也仅仅是基于采矿、修建铁路、运河工程等方面的需要，这是适应时代发展要求的。诚然，他所发明的炸药不可避免地被应用于战争，他本人也确实直接为军火工业研发了无烟炸药。但整体来看，诺贝尔不是基于发动战争的目的才去研发炸药，因此我们就不能攻其一点，不及其余。进一步来说，发动战争的确离不开武器的支持，但是置世界人民于水深火热之中的真的是武器的制造者吗？在科学技术高度发达的今天，我们都很清醒地认识到：所有科学技术的革新都是基于生产发展的需要，同一种发明，既可以造福人类，同时也会给我们带来巨大的灾难，关键在于我们如何运用。近年来，转基因技术、克隆技术、人工智能如雨后春笋一般迅速崛起，这些技术发明者的初衷是造福人类，然而一旦被别有用心者利用，则会产生不可估量的危害。因此，我们要做的是去谴责、制止这些别有用心者，而不是将研发这些技术的科学家看作历史的罪人。

诺贝尔除了在科技发明和设立诺贝尔奖这两方面做出巨大贡献外，还有许多宝贵的品质值得我们学习。他虽然没有受过正规教育，从小体弱多病，却能以顽强的意志刻苦学习，不但掌握了丰富的科学知识，还精通几国语言文字。在科学研究和发明创造上，他从不满足于已有的成就，而是将一项成就视作另一项成就的起点。他每到一处，就忙于建立实验室，而不是打理自己的住处，他把工作看得比生活重要。到了晚年，他的心脏病已经非常严重，却仍然坚持在实验室工作，直到生命的最后一刻。诺贝尔在今天已经为越来越多的人所了解，他不仅是一位科学家，还是一位执着的文学爱好者；不仅是多种炸药的发明人，还是和平事业的先驱。无论时间过去多久，阿尔弗雷德·贝恩哈德·诺贝尔的名字都会在历史长河中熠熠生辉。

（撰稿：张牧月）

参考文献

范特. 诺贝尔全传 [M]. 王康，译. 北京：世界知识出版社，2014.

哈拉兹. 诺贝尔传 [M]. 唐明强，沈涤，译. 天津：天津人民出版社，1985.

王艳娥. 诺贝尔的故事 [M]. 吉林：北方妇女儿童出版社，2011.

薛乌克. 诺贝尔传 [M]. 闵任，译. 台北：台湾商务出版社，1996.

张美翔. 诺贝尔传 [M]. 北京：光明日报出版社，2012.

门捷列夫

从莫斯科出发，一直向西北方向前行，乘车大概 1 个小时的路程，就会抵达克林市。这是一座被森林包围的俄罗斯城市，当地特色的红色建筑群在林荫环绕下分外亮眼，吸引着世界各地的游客前来。由于土地肥沃，克林市郊外有着大片的农庄，一片接一片的农田充满浓厚的田野气息。在这片典型的俄罗斯农庄中，有一座独一无二的庄园，每天都有无数各国游客纷至沓来，这就是门捷列夫的故居。在门捷列夫成为教授之后，恰逢俄国土地价格大跌,他趁机购置了这片庄园作为他的主要居住地。众所周知，门捷列夫是一位伟大的化学家，但是他在购置这片庄园后，却搞起了现代化农业种植，庄园内有当时俄国最先进的灌溉系统。在他购下庄园 5 年后，庄园农产品的产量已经是其他庄园的两倍，以至于农学院的教授特地带着学生过来考察，学习门捷列夫的先进种植技术。今天，当你进入这座庄园，依然可以看到这些农业设施的遗迹,那些掩映在农田之中的灌溉水管虽然早已锈迹斑斑，却足以让人回忆起在田间地头忙碌不停的门捷列夫。在庄园内部，悬挂着许多门捷列夫的照片，同时也保存着部分门捷列夫的珍贵手稿，这些珍贵的文献资料无言地向所有来到这里的人们诉说着门捷列夫辉煌的一生。

纵观门捷列夫的一生，他不仅仅是一位伟大的化学家，更是一位工业学家、社会学家。虽然在他 73 年的人生中，一直没有获得诺贝尔奖的垂青，但是这并不妨碍人们对门捷列夫做出极高的评价。有人说，他是一位百年难得一遇的天才，因此他的成功是不可复制的。但是天才又从何而来？每一个人呱呱坠地的时候，所携带的上天的恩赐是几乎相当的。所谓天才，是后天培养而成的，是一步一个脚印奋斗出来的，正如门捷列夫所言 :“天才就是这样，终身劳动，便成天才！”①

门捷列夫的一生，既是成功的一生，也是坎坷的一生。年少时的苦难经历和来自家庭的关怀，引导着门捷列夫不断前行。今天，当你看到元素周期表，看到门捷列夫当年的预言一一实现，也许你会因为他而喜欢化学，也许你会因为他而开始努力，因为“没有加倍的勤奋，就既没有才能，也没有天才”②。

苦难少年时

1834 年 2 月 7 日，寒风无情地吹过西伯利亚荒原，漫长的冬季仍然在延续，在一个名为托博尔斯克的小城，这一日忽然绽放出了晴朗的阳光,一个名为“米佳”的婴儿出生了。他是整个家庭里的第 17 个孩子，正是日后发现元素周期律的伟大化学家门捷列夫。

刚刚出生的门捷列夫虽然给家人带来了喜悦和幸福，但从他出生之日起，不幸便降临在门捷列夫的家庭。门捷列夫的父亲伊万原本毕业于隶属于圣彼得堡大学的师范学院，是学院里的高才生，在毕业之际婉拒了学院留校任教的邀请，毅然回到了自己的家乡——托博尔斯克，发誓

①② 熊伟. 元素周期律的发现者：门捷列夫 [M]. 北京：中国社会出版社，2013：199.

要将自己毕生所学回馈给这片生他养他的土地。担任中学校长的伊万有着足够多的薪水，来承担这个家庭的开支。但是，原本幸福的家庭在门捷列夫出生后竟陡生异变——伊万忽然双眼失明，即使通过手术，也无法痊愈，为此他不得不辞去工作。门捷列夫的贵族小姐出身的母亲不得不开始承担整个家庭的开支，一家人只能依靠一个小玻璃厂度日。一个从没有从事过经营生产的贵族小姐，为了一家近 20 口人的生计，不得不放下身价，既当老板，又当工人，还得推销产品。生活的重担压在门捷列夫家所有人的身上，每一个孩子从懂事起，都需要到工厂帮忙，去田间地头劳动，去捕鱼打猎。也许正是儿时的苦难经历，使得门捷列夫培养出了坚毅的品格,使得他能够在条件异常艰苦的情况下都没有放弃，仍然坚持不懈地进行着科学研究。

门捷列夫是家里最小的孩子，每天都在工厂、田间、树林里到处乱窜，用他天真的眼睛观察世界。生活的苦难并没有压倒门捷列夫，虽然他穿的衣服是哥哥姐姐的旧衣，虽然上面早已经缝缝补补无数次，但他仍然怀揣着一颗强烈的求知之心，去探索世界的奥秘。他每天拉着哥哥姐姐，打听着学校的事情，甚至哥哥姐姐的课本也被门捷列夫爱不释手地翻过无数次，其中的知识也早已被他学得差不多了。求知欲极强的门捷列夫提的问题实在是让他的哥哥姐姐无法回答，于是他又转而向自己的父亲求教。博学多才的伊万颇有耐心地教导着自己最小的孩子，虽然此时的他需要尽力挣扎着才能看清书本上的内容。白天哥哥姐姐上学去了，伊万便成了门捷列夫的老师；而晚上哥哥姐姐放学回来了，门捷列夫就静静地看着哥哥姐姐做作业。经过几年不断地学习，门捷列夫的学业水平已经不亚于自己的哥哥姐姐，而此时他才仅仅 7 岁。

有一天，7 岁的门捷列夫忽然向家人郑重宣布自己要上中学。劝阻无果后，拖着病躯的伊万开始往返于学校与家庭之间。经过不断地奔走努力，当地一所中学的校长终于答应了伊万的请求，允许门捷列夫进入中学学习。7 岁就进入中学学习的奇迹震惊了整个托博尔斯克，但很快所有的老师和同学都对门捷列夫大为折服。除了拉丁文外，门捷列夫

门捷列夫故居（俄罗斯克林）

所有的课程成绩均居全校第一，但他的拉丁文却一直无法及格。和这个年龄的儿童一样，门捷列夫也是个顽皮的孩子。因为对拉丁文不感兴趣，门捷列夫将书本弄得破乱不堪。伊万为此大发雷霆，严肃地批评了门捷列夫。而另一方面，由于拉丁文考试长期不及格，学校方面也在考虑是否让门捷列夫退学。经过一番讨论，学校最终决定再给门捷列夫一次机会：如果下一次考试他无法及格，那么就将他驱逐离校。门捷列夫在父亲的批评教育下，开始认真学习，最终成功通过了拉丁文考试。

当门捷列夫 15 岁时，他的中学学习进入最后阶段，他家里的经济状况也逐渐得到改善。母亲开设的玻璃厂订单不断，一家人终于不用再为衣食住行而担忧了。可是命运似乎总喜欢和人们开玩笑，就在此时，门捷列夫的父亲伊万不幸染上了重病，很快就与世长辞；而生意兴隆的玻璃厂，也在一次大火中付之一炬。陷入悲痛的一家人不得不再次寻找出路，门捷列夫的大姐也因此染病离世。此刻，陪在门捷列夫身边的，只有他的母亲和他最小的姐姐丽莎。

一连串的打击袭来，门捷列夫悲恸万分，但是他一想到父亲伊万对自己的谆谆教诲，就含着泪，将这股悲痛化为学习的动力，并最终以优异的成绩从中学毕业。毕业后应该何去何从，选择又一次摆在了门捷列夫的面前。苦难的童年使得这个 15 岁的孩子经历了太多的悲喜交加，却也塑造了他坚韧不拔的心志。

漫漫求学路

结束中学生涯的门捷列夫面前有两条道路，其一是升学，其二则是工作。很多亲戚朋友来劝门捷列夫的母亲，既然家境不好，让门捷列夫工作应当是最佳的选择。可是门捷列夫的母亲却毅然拒绝了这样的建议。她的脑海里总是浮现出伊万对门捷列夫的期望。在伊万心中，让门捷列夫进入大学才能发挥这个孩子的天赋，才不至于埋没掉这颗还未绽放光华的明珠。于是，门捷列夫的母亲发誓，倾尽所有，也一定要让门捷列夫进入大学校园。

母亲带着门捷列夫和丽莎离开家乡，辗转千里，不辞辛苦，远赴莫斯科，希望能够为门捷列夫找到一所大学。在旅途中，门捷列夫看着自己祖国的大好河山,看着壮丽的景色，心中却无法平静，他发誓一定要成为一名科学家，去探索这自然的神奇奥秘。

可是求学之路并不容易，抵达莫斯科之后，无论门捷列夫的母亲如何奔走，无论她如何苦苦哀求，得到的却始终是冷冰冰的拒绝，并伴随着无数次的冷嘲热讽。一个 15 岁的孩子来莫斯科读大学，在那些校长看来简直是荒诞无比。莫斯科的大学向来不招收没有当地学籍的学生，门捷列夫

故居大门

也没有显赫的家世和足够的财富，自然没有任何学校会收留他。无数次地吃到闭门羹，深深地打击了门捷列夫。为了让儿子上学，门捷列夫的母亲甚至动用了自己本家的关系，亲自去拜访了教育部长，却依然没有得到一个好的结果。在莫斯科求学无果之后，门捷列夫的母亲想到伊万毕业于圣彼得堡，三人仿佛看到了最后的希望，又风尘仆仆地赶到圣彼得堡。门捷列夫的母亲一一拜访了伊万过去的同学和朋友，在数日的奔波后，圣彼得堡医学院终于同意招收门捷列夫。但是当门捷列夫走入医学院的实验室，触目的却是血腥的人体标本，晕血的门捷列夫几乎晕倒。而他的母亲看到这场景，也绝望地大哭起来，一时间万念俱灰。

好在伊万的朋友又一次伸出援手，他告诉门捷列夫的母亲，可以去圣彼得堡师范学院试一试，伊万就是从那里毕业的，也许还有机会。门捷列夫的母亲赶紧擦干眼泪，甚至顾不上道谢，便又风风火火地冲进了师范学院的校长办公室。此时的师范学院校长，正是伊万曾经的同学，他看着门捷列夫的母亲语无伦次、心急火燎的样子，心中不禁充满同情。在他多方奔走之下，圣彼得堡师范学院自然科学教育系终于同意让门捷列夫以“旁听生”的身份进入校园。

1849 年 8 月，学院最终承认和肯定了门捷列夫的学生资格，但也给门捷列夫提出了条件：他必须按照学习的时间，在学校工作同等的时间。换言之，在毕业后，他必须服从安排，在师范学院继续工作 4 年。门捷列夫没有拒绝，一路的奔波他都看得一清二楚，母亲的艰辛充斥着他的内心，他珍惜这来之不易的求学机会，更下定决心，一定要成为师范学院里最优秀的学生。

进入学院后的门捷列夫，拼尽全力，刻苦学习。但是来自偏远地区的他，终究缺乏良好的基础，第一学期结束后，他的成绩居然是全班倒数第四名。但他并没有气馁，而是更加勤奋地学习。每天除了在课堂学习的时间，他几乎住在了图书馆，孜孜不倦地学习着所有可以接触到的知识。在学院求学过程中，“俄国化学之父”伏斯克列森斯基慧眼识珠，发现了门捷列夫在化学领域的独特才能。伏斯克列森斯基鼓励学生独立思考，重视创造性思维的挖掘和培养，并教导学生要勇于克服困难与障碍。正是在伏斯克列森斯基的帮助和引导下，年少的门捷列夫才对化学产生了浓厚的兴趣。同时他也不断接触着其他学科的知识，这些不同学科的知识，对门捷列夫未来的帮助是巨大的。

一心求学的门捷列夫夜以继日地看书学习，他的显著进步让伏斯克列森斯基感到非常满意。门捷列夫正在成为学院里最优秀的学生，然而命运似乎从没有放过他。在进入学院学习第九个月的时候，门捷列夫的母亲不幸染上重病，撒手西去。当年父亲丧失劳动能力之后，正是母亲承担起了家庭的重担，抚养着10多个子女，如今她再也不能照顾门捷列夫的生活了。而一年半以后，姐姐丽莎也告别了人世，门捷列夫接连遭受失去亲人的打击，求学路上只剩下他孤苦伶仃一个人。

门捷列夫的心在滴血，两年间，4位亲人接连去世，这样的惨痛经历，并没有压倒这个还不满18岁的孩子。他咬咬牙，将所有的精力放到了学习上,甚至为了买书而不得不长期饿着肚子。结果他也病倒了！通过医生的诊断，门捷列夫被宣判了死刑——他患上了肺结核。在那个年代，肺结核是无法治愈的，患上肺结核意味着距离死亡只有一步之遥。但是刚刚步入学习正轨的门捷列夫却选择了和病魔进行顽强斗争，即使在住院期间，他仍然尽一切可能偷偷地进行学习。在多次阻拦无果后，医院的工作人员便放弃了，让他自己主宰自己最后的日子。可是此后，门捷列夫竟然再三要求出院，医生在他的不断恳求中，不得不批准了他的请求。

病魔似乎被门捷列夫的毅力吓倒，1个月后门捷列夫的病症开始减轻。第二年他发表了他学术生涯的第一篇论文——《关于芬兰褐帘石和辉石的分析》。此后他又马不停蹄地开始思考同晶现象，并以此作为自己毕业论文的选题。所谓“同晶”，指的是一种化合物中的元素可以被相似元素替代，并且不改变结晶形式的现象。门捷列夫经过长期的刻苦钻研和深入的研究分析，写成的论文成绩第一，他也因此获得了一枚金质奖章。他的毕业论文《论同晶现象与结晶形状及其组成的其他关系》

故居小径

得到出版，并获得了学术界的一致好评。这篇论文成为门捷列夫进入化学领域的标志，也让门捷列夫对各原子和元素之间的关系产生了浓厚的兴趣，成为日后门捷列夫研究元素间关系的基础。所有人都看到了门捷列夫身上的潜力，他的老师伏斯克列森斯基也为自己弟子出众的才华和过人的毅力而感到骄傲。此刻谁也不怀疑，门捷列夫必然拥有一个光明的未来。但是用门捷列夫自己的话来说："没有加倍的勤奋，就既没有才能，也没有天才。"① 正是夜以继日的长期努力，正是孜孜不倦的勤学苦读，让门捷列夫取得这样的成绩！

登科研之旅

中国先贤云："天将降大任于斯人也，必先苦其心志，劳其筋骨，饿其体肤，空乏其身，行拂乱其所为，所以动心忍性，曾益其所不能。"

① 熊伟．元素周期律的发现者：门捷列夫[M]．北京：中国社会出版社，2013：199.

以出色成绩完成大学本科阶段学习的门捷列夫立刻又在伏斯克列森斯基的指导下，开始了硕士生涯，这一次他的课题是“论比容”。比容并不是一个纯粹的化学概念，而是属于化学和物理交叉的部分，指的是单位质量的物体所占有的容积。当某物体发生物理或化学变化时，它的比容也将随之改变。

此时，已经完成本科学业的门捷列夫，按照约定应当到教育部所属的学校任教。但由于他身体条件较差，医生建议门捷列夫选择其他城市任教。伏斯克列森斯基为门捷列夫提供了两个地方供他选择，一个是拥有良好实验条件和藏书环境的敖德萨，另外一个则是条件相对简陋且处于战争环境的辛菲罗波尔。门捷列夫毫不犹豫地选择了敖德萨，但当时的俄国统治者却因为门捷列夫缺乏背景，找借口将门捷列夫发配到了辛菲罗波尔。幸运的是，在辛菲罗波尔，门捷列夫认识了经验丰富、技术精湛的战地医生比罗果夫。经过他的诊断，门捷列夫原来并没有患结核，而只是患有一种罕见的心脏瓣膜出血症。治疗后，困扰门捷列夫数年的疾病一去不返，门捷列夫也终于能够全身心地投入自己的学术研究之中。

恢复健康的门捷列夫爆发出了惊人的研究能力。他对比容问题的研

故居展室

究，并没有沿袭前人的实验路线，也没有大量借鉴他人的学术成果，而是扎扎实实通过化学理论的分析，从理论的角度围绕着化学基本原理的问题，展开了深入细致的研究。门捷列夫写成的论文展现了他高超的学术分析能力和极佳的思维能力，同时也反映了他深厚而广博的学识。他指出，比容使人们有可能根据固体的体积来区分“取代现象”和“化学现象”，并指出了根据比容进行化学化合物自然分组的途径。这篇论文在答辩过程中得到了包括恩师伏斯克列森斯基在内的所有专家的一致好评，被认为是一篇无懈可击的论文，门捷列夫也因此成功戴上了硕士帽。

这仅仅是一个开始。3 天后，门捷列夫为了能够获得讲课资格，向圣彼得堡大学提交了另外一篇论文的答辩申请。在这一篇名为《论含硅化合物的结构》的论文中，门捷列夫利用自己儿时在玻璃厂的经历，对玻璃制品的工艺与原理进行了详细分析，并成功取得了在俄国顶级名校圣彼得堡大学任教的资格。1857 年 1 月，刚刚 23 岁的门捷列夫成为圣彼得堡大学的副教授，教授化学学科，从此开始不断在国内外刊物上发表论文。一颗新星冉冉升起。所有人都相信门捷列夫是继伏斯克列森斯基和齐宁之后，俄国历史上又一位杰出的化学家。

学术研究上崭露头角的门捷列夫丝毫没有放松，从没有过在功劳簿上睡觉的愚行，但总是因为实验室环境的简陋而焦虑。彼时俄国对于化学研究并不重视，即使是当时的化学泰斗齐宁和伏斯克列森斯基，每年的研究经费也非常有限，甚至不得不花费大量的时间来自己制作实验器材。圣彼得堡大学作为俄国第一名校，也无法为化学研究者提供良好的科研环境。这时，伏斯克列森斯基看出了门捷列夫的苦恼。为了让门捷列夫能够拥有足够的时间去从事科研，为了不让简陋的环境束缚门捷列夫的翅膀，他鼓励门捷列夫出国深造，并在其申请得到批准后，向门捷列夫推荐了当时整个欧洲首屈一指的海德堡大学。

离别之际，伏斯克列森斯基为门捷列夫送行，语重心长地说道：

希望你记住，你这次出去，是为了有朝一日俄罗斯的科学界也有甜润、清新的空气，为了俄罗斯的繁荣昌盛。100 多年前，罗蒙诺索夫曾为俄罗斯化学界赢得声誉，希望你也能像他一样，让俄罗斯人民为你骄傲！①

门捷列夫双眼湿润，郑重地点了点头，发誓将背负起这沉甸甸的责任，毅然踏上了去往海德堡大学的征途。

获世界声誉

海德堡大学不仅是德国首屈一指的高校，而且是整个欧洲化学研究的重镇。当时通过光谱分析发现铷和铯等新元素而闻名世界的本生教授就在海德堡大学任教，他热诚地欢迎着每一个来到海德堡大学的化学研究者，被人们称呼为“慈父般的本生”。初来乍到的门捷列夫给本生教授留下了不凡的印象。当本生邀请门捷列夫加入其光谱分析的行列时，门捷列夫没有像其他研究人员那样欣喜若狂，他始终记着恩师伏斯克列森斯基的忠告，并提出要研究化学工业相关的课题。

出于对门捷列夫的欣赏，本生教授仍然邀请他到自己的实验室从事研究。本生教授的实验室条件虽然相比于圣彼得堡已经有了质的飞跃，但是各个化学研究者之间不免存在相互干扰。所以门捷列夫利用自己仅有的经费，在本生教授的帮助下，搭建了一个属于自己的实验室。实验室中的所有器材都是门捷列夫亲自采购或自己制作的，这也得到本生教授的极大赞扬。

在拥有了相对独立的研究环境后，门捷列夫将所有的精力投入到化学研究之中。这一次，他把研究目标对准了分子间作用力的课题。当时的国际化学界对于分子间的作用力仍然没有明确的认识，化学家无法辨别分子间作用力的关系，在利用分子间作用力的过程中只能采取增压或减压的方式，导致诸如氮气、氧气和氢气这样的气体无法顺利液化，这

① 熊伟. 元素周期律的发现者：门捷列夫[M]. 北京：中国社会出版社，2013：40.

故居展室

些气体也因此一度被称为“永久性气体”。

门捷列夫独辟蹊径，从毛细管现象开始研究。他认为，既然液体能够通过毛细管上升，那么分子间必然存在着作用力；在对毛细管进行加热的过程中，门捷列夫发现毛细管中的液体竟然下降了，这说明加热使得分子间原本的作用力产生了削弱。根据这一现象，门捷列夫不断通过改变温度，对各种液体和气体进行实验，终于成功地破解了困扰化学界多年的“永久性气体”问题，并提出：任何液体通过加热都可以变成气体，同时当高于某一温度时，无论增加或减小压强，该物质将仍然以气体的状态存在。门捷列夫将这个温度命名为绝对沸点温度，并由此撰写了两篇学术论文——《论液体的膨胀》和《论同种液体的绝对沸点温度》。通过门捷列夫的研究，人们发现液体通过升温可以变成气体，气体通过降温也可以变成液体。在此之后，液氮、液氧等液态气体开始大规模地进入工业部门，极大地提高了工业部门的生产效率。今天我们能够看到的液氮等液态气体以及干冰等固态气体的应用，都与门捷列夫的发现有着密切的关系。

凭借这两篇论证严谨、思维缜密的学术论文，年纪轻轻的门捷列夫一举解开了化学界的一大难题，这也为他赢得了世界声誉。彼时刚刚通过光谱分析发现新元素“铷”的本生教授特地到门捷列夫的实验室，对他表示由衷的祝贺。在本生教授的建议下，矢志探索化工产业发展的门捷列夫离开海德堡，踏上了游历欧洲的旅途。在沿途，门捷列夫见识了大量先进的化学工艺，拓展了视野。

不久之后，首次世界性的化学学术会议在德国的卡尔斯鲁厄召开。这次会议的举办方希望能够通过讨论的方式，就化学界的一些分歧达成共识。这个消息使得当时所有的青年化学家感到无比兴奋。19 世纪的化学界远不如今天，很多东西仍然处于迷雾之中，自道尔顿发表原子学说以来，关于原子各种性质的争论就一直没有中断，仅原子量（现在的规范名词是“相对原子质量”）的测量方法和数据结论就五花八门，有的化学家测定碳原子质量为 6，有的则认为是 8，还有的认为是 12；而且由于构成关系的不明，很多物质的化学式也处于混乱之中，一个化学式代表多种物质或多个化学式描述同一种物质的情况并不少见，比如醋酸的分子化学式在当时一度有近 20 种表达方式（如今确定醋酸的分子式为 CH_3COOH）。混乱的化学界由于缺乏统一的标准，很多研究根本难

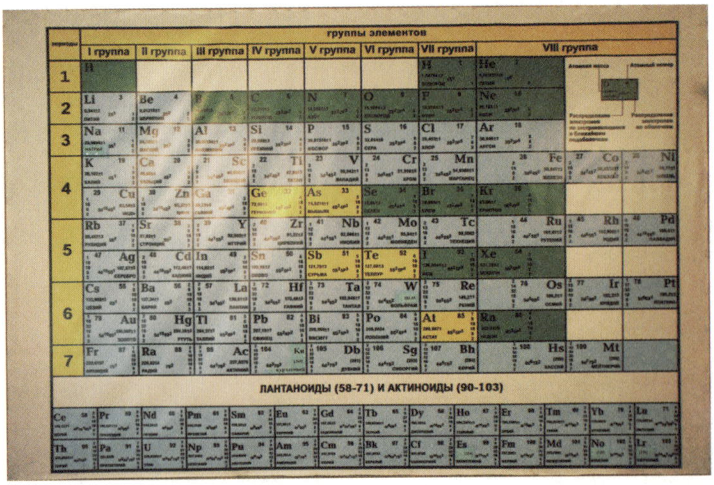

元素周期表

以得到同行的认可，一些突破性的成果也因此遭到了掩埋，而这次会议正是希望能够通过协商和探讨，来解决当时化学界的难题。

门捷列夫有幸受到邀请参会。会上众人进行了激烈的讨论，阿伏伽德罗常数被重新提出，关于原子量的计算也终于在这次会议后达成了共识。但是，共识的达成却并不是一帆风顺的，与会的化学家在会上纷纷嘲讽所谓的“阿伏伽德罗常数说”，直到会议结束后通过相关成果的验证，化学界才真正逐步认可了这项埋在尘埃中的伟大成果。也正是这次纷乱的会议，使得门捷列夫下定决心，去探寻化学世界的一般性规律。

归国显光华

在德国海德堡，门捷列夫不断进行着深入的化学研究，但是他的学习期限却要到期了。在临近离开的日子，诸多海德堡的同事和朋友前来劝告，希望这位刚刚崭露头角的年轻化学家能够留下来。门捷列夫带着复杂的心情一一拒绝，虽然他心中对于海德堡优越的科研条件和科研环境万分不舍，但他心中始终怀有报效祖国的梦想，他始终忘却不了恩师伏斯克列森斯基对他的嘱咐。他带着离别的感伤，带着一颗游子的赤子之心，回到了俄国。

受卡尔斯鲁厄会议的影响，门捷列夫深感当时俄国化学教育的落后，同时对当时世界化学界的分歧进行了深刻的思考，并希望尝试用统一的化学观念来重新编写一部教材，以作高等教育之用。但化学的世界过于庞杂，对当时的俄国化学界来说，需要尽快发展的领域又实在太多。为了能够尽可能体现当时世界先进的化学体系，经过再三思考，门捷列夫决定从化学世界中最为复杂的有机化学世界着手，亲自撰写一部关于有机化学的书籍。

有机化学是化学世界中最为复杂的领域。虽然有机化学具备一定的规律性，但是由于物质组成的变化形式繁多，即使是门捷列夫，整理起来也依然感到非常吃力。于是他找出过去所有关于有机化学的资料和笔记，经过一番研究和深思熟虑后，奋笔疾书，昼夜不停。仅仅两个月的时间，一部400多页的有机化学教材诞生了。这部《有机化学》充分吸收了阿伏伽德罗的相关学说理论，同时成功结合了当时世界化学界最前沿的科研成果，深入浅出又逻辑缜密地向人们展现了有机化学的世界，并且提出了“每一种生命现象都是由大自然一般规律形成的”这一时代命题。这部书得到了俄国化学泰斗齐宁的盛赞，并在整个俄国化学界引发了极大的震动。一时间，原本纷乱而落后的俄国有机化学界被这部著作吸引，并开始朝着它指引的正确方向发展。在齐宁的大力推荐下，门捷列夫获得了全额的“季米多夫”奖金，这是门捷列夫回国后接受的第一个巨大荣誉。

但是，门捷列夫这本著作的价值并不仅限于此。为了激发俄国学者对于有机化学研究的热情，门捷列夫在《有机化学》一书中还对当时化学界没有充分认识的一些现象进行了说明,希望引起俄国化学家的重视，比如同分异构现象。所谓“同分异构”，指的是分子式相同，但由于分子组合排列形式的不同，构成了存在性质差异的不同物质。比如丁烷等烷类化合物，虽然分子式完全相同，但是由于碳原子的排列方式不同，存在着化学性质上的差异。受到这本书的启发，俄国化学家布特列洛夫在这本书出版的当年就提出了化学结构理论的思想，并发表了著名论文《论物质的化学结构》，因此揭开了同分异构的真相。一时间，门捷列夫声名鹊起，整个俄国化学界乃至世界化学界全都被这位脱颖而出的新星吸引。

门捷列夫的《有机化学》一书至今仍然被世界化学界奉为经典，虽然书中的一些内容受限于当时的研究水平，并不完善，却完全没有妨碍门捷列夫长期的声誉。

此时，门捷列夫已经是圣彼得堡大学有机化学教研室主任（居于整个化学界的龙头地位），在化学界卓有建树并且凭借一部《有机化学》得到整个学界关注认可。在他的课堂上，总是挤满了前来听课的学生，有些学生甚至是来自其他专业,只为一睹门捷列夫的风采。他深入浅出、

故居展室

生动形象的授课风格，在整个圣彼得堡大学里深受学生的喜爱。

似乎已经功成名就的门捷列夫却丝毫没有骄傲，当布特列洛夫在同分异构领域取得突出成就时，作为引路人的门捷列夫却非常谦虚地向圣彼得堡大学写信。信中表示，自己不应该再担任有机化学教研室主任的职务，校方应当邀请彼时正在喀山大学执教的布特列洛夫来接替自己的职务。他在信中毫不掩饰自己对布特列洛夫的赞赏，这在当时也成为美谈。门捷列夫的高风亮节得到了人们一致的认可，但他没有停下脚步。在他看来，这些外在的虚名只是形式，专注于科研才是他的本职工作，这一点从他数次和诺贝尔奖擦肩而过可见一斑。颇为遗憾的是，虽然门捷列夫在整个化学学科发展中有着举足轻重的地位，但他一生获得了 3 次诺贝尔奖的提名，却最终和诺贝尔奖失之交臂。尽管这位伟大的化学家一生都没有得到诺贝尔化学奖，但那些获得这一荣誉的化学家却有很多都受益于门捷列夫，如居里夫人。

对于科研，门捷列夫对自己提出了更高的要求——一定要站在化学研究的最前沿，决不可以原地踏步，要用别人的成功来时刻鞭策自己前进。于是他又投入到一个全新的领域之中——探索元素之间的关系，这才有了泽被后世的元素周期表！

元素周期律

其实，早在门捷列夫之前，元素周期律就已经由英国化学家纽兰兹提出，但纽兰兹提出的元素周期律并没有得到学界的一致认可，同时也过于简单，存在着诸多的漏洞。真正解决这些问题，并根据元素周期律制作出世界上第一张元素周期表的正是门捷列夫。

1869 年，已经写出《有机化学》一书的门捷列夫希望进一步探索化学元素之间的关系，并编订了一部通用的无机化学方面的书籍《化学原理》，这部著作被后世评价为化学史上最杰出成果之一。但这本书在出版了第 1 卷后，就一直杳无音讯。整个化学界翘首期待，却始终等不来下一卷出版的消息。事实上，此时的门捷列夫陷入了极大的苦恼之中，他似乎无法从繁多的元素世界中找到一条线索，各种各样的元素之间似乎杂乱无章，没有明确的联系，这使得门捷列夫的研究陷入了困境。

彼时的化学家在描述各种元素的时候，往往各自为政，大多按照自己的理解或某些权威的解释进行说明。但每一种元素的性质均不相同，而不同的元素之间又可以产生化学反应，形成新的物质；而学界盛行的研究方向则是探究和发现新元素的存在，对于元素一般性规律，却少有人研究。在当时盛行的解释中，化学家拉瓦锡仅仅按照元素构成物质的种类简单地将各种元素分为金属、非金属、气体和土质共 4 大类，瑞典化学家贝采利乌斯则把

写字台

元素分为负电性、正电性和过渡性共3种。另外，还有德国化学家贝德莱纳提出的“三元素组”的说法，即将3种化学性质的元素放在一起，可以发现其中一种等于另外两种原子量之和的平均数。

这种种一家之言，都没有得到化学界的认可，而门捷列夫试图去寻找一般性规律，在那个年代里无疑是一项艰难的工作。纽兰兹提出名为“八音律”的元素周期律时，遭到了化学界的攻击。他没法很好地解释这一理论，而在真理面前选择了退却。面对这些困难，门捷列夫陷入了沉思。

此后，为了探究化学世界的一般规律，俄国化学学会专门组织了一次世界性的学术会议，邀请了大量的专家学者，参与化学元素和化学世界一般规律的探讨。这次会议门捷列夫也参加了，但面对激烈的讨论和发言，他始终一言不发，只是拿着一副纸牌不断地摆弄。会议临近结束，已经有着颇高声誉的门捷列夫被邀请发言。他又拿出了那副纸牌，纸牌上写着各种元素符号，同时还涂抹了颜色，花花绿绿的。不一会儿，他便摆弄出了一个图案，令众人大为不解。

这看似荒诞的“纸牌把戏”引发了门捷列夫恩师伏斯克列森斯基的强烈不满。他严厉斥责了门捷列夫这种“不正经”的行为，甚至一度认为自己的学生误入歧途，试图用一些不科学的方式，投机取巧地获得某些答案。俄国另一位化学领域的泰斗级人物齐宁也对门捷列夫的做法提出了强烈的质疑。面对两位长者的批评，门捷列夫虽然有些苦恼，但依然坚定地行进于自己的探索之路。经过不懈的努力，在看似胡闹的“纸牌游戏”中，门捷列夫有了惊人的发现。

他发现，各种元素似乎可以按照元素原子质量递增的规律进行排列，并且每隔7个便会出现一个周期性的变化规律，因此他将化学性质相近的元素放置于同一竖排，并最终制定出了第一张元素周期表。元素周期表刚刚诞生时，并没有引起化学界的关注，大家仍然认为这只是门捷列夫的游戏之作，根本难登大雅之堂。但门捷列夫却始终没有怀疑自己的想法，他按照元素原子质量递增的规律排列元素时，甚至对当时很多已知元素的原子质量提出了质疑。他力排众议，要求化学界重新进行新的原子量的测算，这被人们误认为是疯狂的举动。当时金的原子量被公认为 196.2，在元素表中按此排列，金应排在锇、铱、铂的前面，因为它们被公认的原子量分别为 198.6、196.7、196.7。而门捷列夫坚定地认为金应排列在这三种元素的后面，原子量都应重新测定。大家重测的结果，锇为 190.9、铱为 193.1、铂为 195.2，而金是 197.2。实践证实了门捷列夫的论断，也证明了周期律的正确性。顿时，元素周期律引起了世界性的关注，人们对门捷列夫这项新的研究成果表现出了极大的兴趣。

在当时，由于一些元素没有被发现，元素周期表并不完整。在这一点上，门捷列夫充分体现了一名科学家的严谨性。他没有胡乱地做出判断，而是根据元素周期律，不断地推算每一个可能存在的元素，并给还没有被发现的元素预留了位置。他大胆地假设了一些元素的存在，比如镓元素，他认为其位置和铝元素靠近，因此应该和铝元素有类似性质，并给彼时未知的镓元素取名为“类铝”。1875 年 11 月，也就是元素周期表问世后第六年，法国化学家布瓦博得朗提取并提纯了这种新的金属，并证明了它的化学性质类似于铝，于 1875 年 12 月向法国科学院宣布了镓元素的存在。

消息传来，世界化学界瞬间沸腾了起来，门捷列夫提出的元素周期律更加受化学家关注。世界各大化学实验室纷纷按照元素周期表的指引，对门捷列夫预言的其他元素进行探索。好消息不断传来：瑞典化学家尼尔森在 1879 年发现了钪元素，德国化学家文克勒在 1886 年率先发现了锗元素，而化学家齐默尔曼在对铀元素的重新测定过程中，也验证了门捷列夫的预言。一时间，门捷列夫的名字响彻整个化学界，他在德国时的导师本生教授也为他由衷感到高兴和骄傲，甚至专门发来贺电。作为元素的预言者，门捷列夫本来有权利去命名这些元素，但他却主动放弃了这一权利，这一举动也为他赢得了广泛的赞誉。

元素周期律的发现，让门捷列夫终于能够去完成那本中断已久的《化学原理》。这部书稿的问世也随着元素周期律的被证实而享有盛名，

故居外景

不仅连续再版，同时也被翻译为多国文字，成为世界化学领域的经典之作。从《化学原理》诞生，到门捷列夫去世，这部书共计再版了 8 次。每一次再版，门捷列夫都会对内容进行详细修订，或删改，或补充，或进一步诠释，或提出新的问题。这样严谨的治学态度和执着的科学探索精神，也鼓舞和感染着一代代化学研究者。1898 年，居里夫人通过不懈努力，终于发现了门捷列夫预言的一种新元素。她将之命名为“镭”，并因此获得了诺贝尔化学奖。

今天，若你在圣彼得堡大学中徜徉，在那厚重的俄罗斯建筑群中漫步，许多纪念馆将进入你的视野，其中就有一座属于门捷列夫的纪念馆。每天你都能够看到一群带着朝圣心态的人们，在门捷列夫纪念馆中流连忘返。那里有门捷列夫珍藏的书籍，按照门类依次陈列，同时还珍藏着门捷列夫的一份手稿，手稿上密密麻麻的字迹诉说着他辉煌的一生。也正是在圣彼得堡大学的求学经历，让从西伯利亚偏远小镇走出的门捷列夫成为举世闻名的化学家；也正是门捷列夫元素周期律的发现，奠定了如今圣彼得堡大学化学系的基础。

今天，当我们翻开中学化学课本，那张放置于课本中的元素周期表，让我们始终想着这位伟大的化学家。在那个化学学科发展还处于混乱状态的年代里，在原子量还没有得到准确测量的年代里，在无数化学元素还隐藏在化学世界的深处时，门捷列夫用他惊人的毅力和过人的才智，经过多年的思考、推断，发现了这样一份化学世界的地图。也正是门捷列夫的发现，给世界化学的发展开辟了一条崭新而明亮的道路。那些曾经盘桓在化学世界里的迷雾，终于被这位科学巨匠拨开。有人评价门捷列夫，说他是化学世界里的一盏明灯。但门捷列夫却很谦逊，他说："一个人要发现卓有成效的真理，需要千百万个人在失败的探索和悲惨的错误中毁掉自我的生命。"在他看来，没有前人的奠基，纵然是他，也断然无法取得这样的成就。我们铭记门捷列夫的功劳，不应该忘记他对科学的不懈追求，更应该铭记他在科学研究中屡败屡战的勇气和执着。这也是除了元素周期律外，门捷列夫留给后人的一笔宝贵财富！

（撰稿：张馨）

参考文献

陈德军. 世界大人物丛书：门捷列夫 [M]. 北京：中国少年儿童出版社，2005.

王菊. 门捷列夫与化学世界 [M]. 太原：山西教育出版社，2012.

翁有利. 中外名人的青少年时代：巴甫洛夫和门捷列夫 [M]. 太原：山西人民出版社，2012.

许国良. 走出化学迷宫：门捷列夫的故事 [M]. 广州：广东教育出版社，2008.

熊伟. 元素周期律的发现者：门捷列夫 [M]. 北京：中国社会出版社，2013.

伦 琴

维尔茨堡是德国中南部的一个工业城市，但这并不妨碍它成为世界著名的葡萄酒产区。小城濒临美因河，河水从老城区中蜿蜒流过。天气晴朗的日子里，美因河碧波微澜，阳光毫不吝惜地在河面上洒下片片金光，涟漪微皱，河水带着细密的亮光缓缓流向远方。小城里绿叶萋萋，松柏蓊郁，其林蔼蔼，桃李荫翳。而围绕着我们故事的主人公——伦琴所建造的博物馆，就静静矗立在绿荫环绕的街边。

伦琴博物馆实际上就是当年伦琴在维尔茨堡大学任教期间进行实验和研究的地方。绕过博物馆便是校园，你在这里可以领略到独属德国老牌大学校园的古典庄重。伦琴工作过的实验室里，还保留着当年的布置,各种实验仪器看似随意地摆放在实验桌上，仿佛一瞬间将观者带进历史的洪流，穿越到百年之前。而现在，除了这个实验室，楼里的其他房间仍在继续使用。学习、实验、演讲，每隔一段时间就在这里上演，激起求知的浪花，然后悄无声息地没入时光的缝隙中。人们步履匆匆，光阴在这一刻交叠起双手，过去和未来在这一刻串联。

走出伦琴博物馆，你会发现外墙上敞开着一道道小窗，似与绿意相应；银色的“X”标志靠墙而立，冰冷凛冽的外表下暗藏着透视一切的了然。就在这栋两层小楼里，伦琴通过放电管中逸出的绿色荧光发现了至今仍在医学界、材料界发挥至关重要作用的射线——X 射线。他的卓越成就被后人用 7 行醒目的德文铭刻在博物馆外墙上：“1895 年，就在这间屋子里，伦琴发现了以他的名字命名的光束。”从这里开始，这道“X”光向世界发出不再是未知的信号，而是透视未知、打破壁垒的利器。而这一切，都要归功于一位严谨的德国青年——威廉·康拉德·伦琴。

少时启蒙

1845 年 3 月 27 日下午，在德国西部的一个小镇，我们的主人公伴随着一声响亮的啼哭来到了这个世界上。威廉·康拉德·伦琴迫不及待地挥舞着小手，仿佛在向世界致意。那时谁也没想到，50 年后他会用震惊世界的发现，打开现代物理学的新窗口，促进了现代医学和精密科学的发展。

伦琴成长的莱纳普市位于德国境内的莱茵河北岸，这里依山傍水、地势多样。虽然伦琴因其发现而享誉世界，但在这个小城里，似乎并没有留下他的痕迹。那时，莱纳普市盛产煤炭和钢铁，而且离德国鲁尔工业区的中心城市杜塞尔多夫不远，环境优美又不失繁华。莱纳普市手工业发达，伦琴的父亲弗里德里希又正好经营毛呢工厂，在这样优越的环境下，伦琴一家的生活过得富庶而温馨，无忧无虑。伦琴的母亲夏洛特·康斯坦茨·弗洛卫是一位心地善良、善解人意的家庭主妇，出生于荷兰首都阿姆斯特丹附近乌德勒支很有名望的家族。她对儿子的求学之路非常支持和理解，并帮助伦琴渡过了一个又一个难关，在伦琴的人生中发挥了至关重要的作用。

伦琴 3 岁的时候，有着远见卓识的母亲说服父亲从战争威胁下的德国迁到政局稳定的荷兰，定居在风景优美的阿珀尔多伦。伦琴临近小学毕业时，母亲觉得应该让孩子独自出去锻炼一下，开阔眼界，于是再次说服了伦琴的父亲，将伦琴送往他的外祖父家。在乌德勒支的中学课堂上，伦琴经常就机械问题向老师发问，惹得同学嘲笑、老师不快。不过有一个人十分佩服他，那就是小胖子卡莱鲁·拉伊达，两人形影不离，卡莱鲁的陪伴无疑让独自来到乌德勒支的小伦琴感受到无比的快乐和欢欣。而对新奇事物的疑惑则启发着伦琴，伴他度过了有趣而又疑问重重的少年时期。

伦琴刚到乌德勒支的时候，发现沿途到处都是风车，这时他就产生了疑惑：“风车到底是干什么的呢？”后来有一次他和卡莱鲁从郊外回城，有幸搭乘一位老人的马车，在马车上他想起这个问题，便向老人请教。老人告诉他，荷兰地势低，素有“低地之国”之称，有四分之一的土地低于海面，因此最惧怕海水倒灌，这风车主要是用来排水的。老人的讲述对伦琴的启发很大，不仅让他对科学更有兴趣，还使他明白可以让科学为社会创造价值。

求学坎坷

纵览伦琴一生的求学经历，可谓异常坎坷。伦琴少时离家，在外祖父的居住地乌德勒支当地的中学——乌德勒支技术学校读书。刚到学校时，他还是改不了贪玩的毛病。好在伦琴在老师的帮助下、在独自生活的磨炼中心性日益沉稳。原本其父打算让伦琴毕业后继承家族事业——伦琴商店，但没想到伦琴毕业前一年发生的事情打乱了所有的计划，也让伦琴对自己的前途感到迷茫。有一天，伦琴的老师图贝尔在希腊语课上要求全班同学轮流背诵《伊利亚特》，背不过或者背得不好的都会受到严厉批评。下课后，伦琴的同学毛因斯在周围人的鼓动下，寥寥几笔就在黑板上画出一个图贝尔老师的滑稽肖像，当即全班同学笑成一团。而此时图贝尔老师恰好去而复返，看到了黑板上的画像。当所有人都担心冒犯他而立马安静下来的时候，只有伦琴没有发现老师，还在旁若无

伦琴博物馆（德国维尔茨堡）

人地大笑。老师的怒火当即倾泻到伦琴身上，并质问伦琴。其实，老师了解伦琴根本不会做这种事，也绝没有这样的绘画本领，只是想逼伦琴说出恶作剧的始作俑者，给那个人以教训。但图贝尔老师没想到，他再三逼问后，伦琴始终不肯说出这场恶作剧的主谋。于是老师威胁闯祸的人自己站出来，否则就要连累伦琴受罚。但毛因斯胆小怕事，并没有勇气站出来承认。于是老师威胁伦琴，如果不说出这个人是谁，他将会被开除。事情发展到这种地步，总要有人接受惩罚。对于伦琴来说，事情变得糟糕了。

最后，老师将伦琴带到了校长室。伦琴闭口不谈这场恶作剧的主谋是谁，并反复强调这是个玩笑，没有人想侮辱老师。但校长和教导主任却认定伦琴顽固不化、死不悔改，当即宣布了对伦琴的处罚决定——开除。19 岁，正是无忧无虑在学校接受知识熏陶的年纪。面对这个无法挽回的局面，伦琴接下来的路该怎么走？没有中学毕业证，进入大学的梦想又怎么能够实现？多少心血就此付诸东流！伦琴此时是回肠九转、五内俱焚。一场在学校里再平常不过的恶作剧霎时切断了伦琴今后的道路，他违背了父亲的嘱托、辜负了母亲的期望，该怎么向家里人交代？

这一切如同荆棘般缠绕着19岁的伦琴。没过多久，伦琴的母亲就从他的外公那里知晓了这个消息，并写下了此后始终萦绕在伦琴耳边的温暖话语："你如果向上帝发誓自己做了正确的事，你就不必气馁，更不必苦恼。"

为了实现自己的大学梦，也因为母亲的安慰和父亲的理解，伦琴重新振作起来。伦琴听从父亲的建议，暂时到阿珀尔多伦工业学校继续学习。在那里，他刻苦学习，不仅努力学好自己本就很感兴趣的实用技术，而且在课余时间还加倍重视对理论知识课程、语言课程的学习。虽然已经被乌德勒支技术学校开除，但是伦琴可以参加这里的毕业考试。就在伦琴自信满满地答完题等待结果的时候，命运再次跟他开了个玩笑：因为图贝尔的反对，伦琴最终没有拿到毕业证书。竹篮打水一场空，伦琴的前途又变得缥缈不定起来。虽然这段学习生涯让伦琴更加专注于研究感兴趣的学科，但进入大学的道路屡次被堵塞，伦琴心中不免失落。好在天无绝人之路，他得知刚成立不久的苏黎世工业大学对中学毕业证没有硬性要求。伦琴的父亲对儿子的选择不甚满意。相比之下，母亲弗洛卫却是十分欣慰，她认为伦琴在历经坎坷后，终于看见了曙光，这是个千载难逢的机会。于是她说服丈夫共同支持儿子的决定，伦琴得以奔赴苏黎世。在伦琴后来的职业生涯、婚姻生活中，母亲弗洛卫始终毫不犹豫地给予他支持和理解。她消除了丈夫对儿子没能继承家族商店的遗憾、没能娶一位有钱人家小姐的不满。从伦琴离家去乌德勒支的

博物馆正门

那一天起，两代人分离长达20多年。正是有了母亲在这期间的信任和支持，伦琴才得以了却后顾之忧，坚定地选择了科研之路。母亲去世后，伦琴在给学生的信件里这样回忆道："每当我遇到困难的时候，总是母亲最能理解我，帮助我认识问题，使我励志图强。"① 伦琴到了苏黎世后，由于天资出众，并且得到原中学老师的极力推荐，得以免试录取到机械工程专业，这可是后来爱因斯坦入学时都未曾得到过的殊荣。

职路多舛

在大学3年的时光里，伦琴一直专攻机械工程。23岁毕业时，由于成绩优异，他得以破格提前毕业，获得了机械工程师的资格证书。在大学学习中，他逐渐发觉基础科学更加有趣，于是下定决心，转攻实验物理学，重新学习相关的课程。

毕业后，伦琴继续留在苏黎世，成为实验物理学教授孔特的助手。在与孔特教授的朝夕相处中，伦琴被孔特教授对待科学实验的严谨认真的态度感染，精准测量了定容比热和定压比热的比值，进一步完善了德国物理学家克劳修斯提出的热力学理论。在空气的比热问题上，他也做了许多相关实验。在大学毕业1年后的1869年，伦琴以《各种气体的研究》这一杰出论文获得了苏黎世工业大学的博士学位。论文评语中这样写道，伦琴"在数学物理学方面具有丰富的知识，表现出独立的创造才能"②。就连德国化学家威廉·奥斯特瓦尔德也说，伦琴早在给孔特当助手时所取得的成果就值得赞扬。

同年，伦琴跟随孔特教授转到维尔茨堡大学继续研究气体比热问题。在这里，担任私人讲师的伦琴完成了《关于空气比热在等容和等压状态

① 韩钢. X射线发现者伦琴[M]. 长春：北方妇女儿童出版社，2010：69.

② 赫尔内克. 原子时代的先驱者[M]. 徐新民，译. 北京：科学技术文献出版社，1981：55-81.

下的关系》一文，并将此文成功发表在世界级权威期刊《布坎多罗夫物理与化学年鉴》上。伦琴的研究成果得到了学术界的承认，他开始在物理学界崭露头角。不过，这些成就并没有打动维尔茨堡大学的学术委员会成员，他们以"没有取得中学毕业证"为由拒绝授予伦琴讲师资格。

伦琴虽然对教授们的陈腐感到很懊恼，但他心中明白，继续研究才是唯一的目标和出路。因此，在孔特教授转任斯特拉斯堡大学教授的事情确定后，伦琴毅然决然地追随老师的步伐。当时英国物理学家詹姆斯·克拉克·麦克斯韦的电磁学理论刚建立不久，还具有很大的研究拓展空间。伦琴抓住了这个时机，通过实验推进了电磁学的研究，发表了相关论文，而这篇论文更是得到了孔特教授和大化学家、未来的诺贝尔奖获得者阿道夫·冯·拜尔的极力赞赏。

1874 年，伦琴终于通过学术委员会评定，成为斯特拉斯堡大学的讲师，他的成就也越来越多地被学术圈知晓。1875 年，伦琴成为讲师刚满 1 年，就收到了霍恩海姆农业大学请他出任物理学和数学教授的信函。这虽然是一次职位上的晋升，但伦琴到了学校才发现，这里简陋的实验设施根本无法支撑自己在实验物理学方面的研究。于是在这里仅仅待了 1 年，伦琴就在孔特老师的帮助下再次回到斯特拉斯堡大学。

在给孔特教授的信中，伦琴这样写道："宁为建筑金字塔的劳力，也不为沙漠之王。"[①] 这与我们中国俗语中常说的"宁为鸡头，不为凤尾"恰好相反。伦琴渴望在自己精通的领域一展己长，做出新的研究；而蜷缩在舒适区里享受正教授的待遇，却在研究上止步不前是他所唾弃和痛恨的。因此，他宁可回到斯特拉斯堡大学做孔特教授的助手，也不愿停止追寻心中科学女神的脚步。这种从少时就养成的对科学孜孜不倦的追求精神使得伦琴始终带着兴趣从事实验物理的研究。

伦琴回到斯特拉斯堡大学后，担任了理论物理学副教授，与孔特合

---

① 韩钢. X射线发现者伦琴 [M]. 长春：北方妇女儿童出版社，2010：61.

作完成了“在二硫化碳中偏振面上磁力旋光的证明”，由此获得了当时物理学权威亥姆霍兹的赞扬，并令整个学术界瞩目。短短几年里，伦琴就凭借杰出的研究成果成为同行中的佼佼者。

伦琴如此优秀，以至于能量守恒定律的发现者亥姆霍兹、迈尔以及稳恒电路定律的创始人基尔霍夫等 3 人，在 1879 年联名推荐他担任吉森大学物理研究所所长一职。而吉森大学的实验室正是伦琴从制作实验仪器开始一手创办起来的，在这里，他的研究方向转向了电磁学和光学。

在吉森大学的实验室里，伦琴在麦克斯韦电动力学基础上，通过实验证明了美国物理学家罗兰检测到的介质中的移动电荷存在磁场，证明了电介质能产生磁效应。于是他撰写了《论在一均匀电场中运动的电介质所产生的电动力学力》一文，发表在柏林普鲁士皇家科学院的重要刊物上面。而这一发现也被荷兰莱顿大学物理学教授亨德里克・安东・洛伦兹称为“伦琴电流”，后来直接促成洛伦兹在其基础上创立了经典电子论，并提出享誉世界的“洛伦兹变化公式”。

理论物理学家索末菲也对伦琴的这一发现大加赞赏，他认为在“物质的介电性和电荷的存在有关”这一观念的形成中，“伦琴电流和罗兰德效应是不可缺少的基础”，更臻完善后，“这个概念就直接否定了原先的麦克斯韦－赫兹定理”。[①]“伦琴电流”的发现无疑让伦琴在物理学界的学术地位又迈上了新的台阶。

在担任吉森大学物理研究所所长期间，伦琴怀着对物理学饱满的热情发表了 18 篇论文。这些研究成果也打动了耶拿大学、乌德勒支大学和先前不肯授予他讲师资格的维尔茨堡大学，他们纷纷发出邀请，希望伦琴前去任教。伦琴却出人意料地选择了维尔茨堡大学。从 1888 年到 1894 年，伦琴在维尔茨堡大学任教的前 6 年里就发表了 17 篇论文，并

① 奥托・格拉塞尔. 科学家传记：伦琴 [M]. 高耘田，吴逸瀚，译. 北京：原子能出版社，1980：18.

且在此期间当选为该校校长。而就在伦琴成为校长的第二年，一直专注于物理实验检验理论的伦琴发现了 X 射线，这一造福整个人类的研究成果将他推上物理学圣殿。

X 射线与“问题少年”

X 射线的发现要追溯到对阴极射线的研究。阴极射线是伯恩大学的尤利乌斯·普吕克教授在研究真空放电现象时发现的，因为它是从阴极发出的射线，所以被德国物理学家哥尔德斯坦命名为“阴极射线”。阴极射线被发现后，许多物理学家着手研究并进行实验，想要弄清它到底是什么。但他们想要把实验中产生的现象记录下来时，却发现底片上什么都没有。

英国化学家威廉·克鲁克斯、美国物理学家古德斯比德和詹宁斯、德国物理学家伦纳德·勒纳德都曾碰到过这种情况，但却都没有在意，他们认为这一定是底片曝光所致。伦琴注意到这一现象，并产生了极大的研究兴趣。

伦琴少时看到风车，就追问“风车到底是干什么的”，从而激发了自己对科学的兴趣；看到窗上的霜花，就思索“霜花和冰雪是一样的吗”，进而激发了自己对晶体的兴趣。伦琴成为大学校长后，学界对阴极射线的关注以及研究过程中经常“走光”的照相干板，让他头脑里的问题越来越多了。1895 年 11 月 8 日是星期五，晚上，下班后的伦琴依旧待在实验室里。他一边思考着底片曝光的问题，一边用伦纳德管进行实验，谨慎地排除干扰因素。突然，映在管壁上的淡淡荧光引起了他的注意。当他使用管壁较厚的希托夫－克鲁克斯放电管再次进行实验的时候，他惊奇地发现，荧光依然存在。阴极射线只能穿过数厘米的空气。而伦琴将荧光屏移至远处，屏上依然可见淡绿色的荧光。

面对这个突如其来的发现，伦琴并没有轻率地做出论断。他再次仔细地检查了实验环境以避免干扰。即使是黑沉沉的夜晚，他仍将已经拉

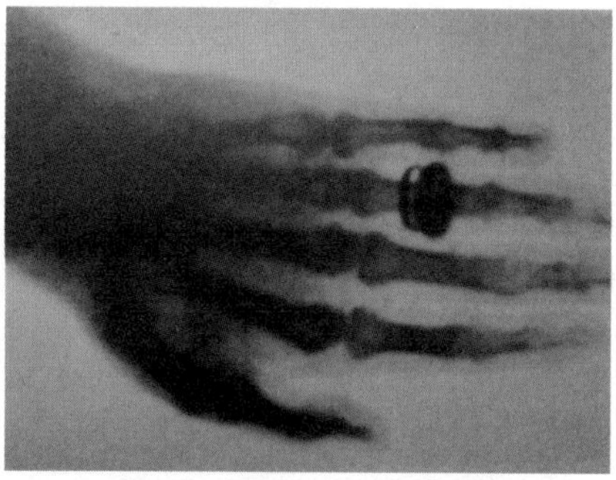

手部X光片

好的窗帘严密地遮盖好，用黑纸将放电管牢牢包好，排除一切可能的光线干扰。在随后的一系列实验里，那淡绿色的荧光又出现了，那瑰丽的、如极光般给人带来震撼的东西映照在伦琴眼中。X射线被发现了！

德国物理学家马克斯·冯·劳厄评价道："科学研究就是向完全未知领域的进军，除了敏锐的目光以外，还需要巨大的勇气和自制力。尽管伦琴因第一次发现而兴奋，但巨大的勇气和自制力却使他能保持镇静和清醒。"[①] X射线的发现并没有让伦琴停止继续探索。他在摆放实验用具的时候，竟然在荧光屏上看到了自己完整的手部骨骼。X射线的感光穿透特性也在后来的实验中被确认。有趣的是，世界上第一张"X光片"就是伦琴用X射线对着妻子的手拍摄的。

X射线的发现引起了巨大的轰动，当时欧洲几乎所有研究所的物理学家都开始复制伦琴的实验。在一次报告会上，当伦琴用X射线将维尔茨堡大学著名解剖学家克利克尔的手骨完美显像后，现场爆发了雷鸣般的掌声，整个物理学界为之折服。在会上，克利克尔以感谢伦琴的发现为由，建议将"X射线"称作"伦琴射线"，而这种叫法至今仍在德国等欧洲国家使用。

尽管伦琴自己将这个发现归结于"伟大的命运"，但柏林科学院的贺词向我们揭示了促成这个发现的最大原因："每一项发现中，功劳和幸运独特地结合在一起……许多外行人也许认为幸运是主要的因素。但是了解您创作个性特点的人将会懂得，正是您，一位摆脱了一切成见的、

① 韩钢. X射线发现者伦琴[M]. 长春：北方妇女儿童出版社，2010：105.

把完善的实验艺术同最高的科学诚意和注意力结合起来的研究者，应当得到做出这一伟大发现的幸福。”①

就在伦琴因为X射线声名大噪并收到各地邀请的时候，为了解开关于X射线的谜团，他又潜心投入到了实验中，并在次年成功发表了第二篇关于X射线的文章——《论一种新的射线（续篇）》。随着实验的不断推进，伦琴对X射线的认识也越来越全面。1897年，伦琴发表了《关于“X射线”性质的进一步观察》一文，这是他关于X射线的最后一篇文章。尽管身处争名逐利的嘈杂环境中，伦琴对待科学依然虔诚。在伦琴心中，只有将一个科学问题研究透彻才是做学问的严谨态度。

伦琴对待科学研究的这种精细严谨的态度，我们也能从马克斯·冯·劳厄的评价中窥见一二：“这3篇论文对事实的叙述详尽无遗，以致在整整10年之中不可能补充任何新的东西。据我所知，在一些论述新发现的论文中，疏漏这么少的实在是很少见的。”② 对问题从不放过，务必研究清楚，这正是伦琴一贯的治学态度。

在慕尼黑大学为他举办的庆祝会上，他说，对科学家来说，最大的快乐是无论对什么问题，都不拘泥于偏见，自由自在地进行研究。对研究者来说，没有比问题得到解答更令人心满意足的了。

师长如父

在伦琴转变研究方向并用尽一生跋涉在科学之路的过程中，实验物理学教授奥古斯都·孔特，一直是他的指路明灯。

孔特教授做实验严谨认真，往往连实验的仪器都要亲手制作。成为孔特教授的助手后，伦琴被这种事必躬亲的工作态度深深感染。伦琴担

---

① 赫尔内克．原子时代的先驱者[M]．徐新民，译．北京：科学技术文献出版社，1981：67.

② 韩钢．X射线发现者伦琴[M]．长春：北方妇女儿童出版社，2010：105.

任吉森大学物理研究所所长后，带领学生发明、制作了许多实验所需的仪器，有的仪器到现在仍在使用。

对于自行制作实验仪器这件事，伦琴认为，一方面，手工劳作可以给他带来真正的满足感；另一方面，自己制作的仪器往往比购买的仪器更符合实验的要求，会得到更加精确的数据。

伦琴延续了孔特教授重视仪器的实验理念，并将这种理念传递到了自己的学生和助手身上。他在实验室的墙上贴上这样的标语："应当自己动手制造仪器！""谁破坏仪器，谁就是我们的敌人。"[①]他在吉森大学做"水蒸气中的热吸收"研究时，用的就是自己制作的灵敏度很高的温度计，以便测量微小的温度变化。这一仪器的使用也使得伦琴成功证明了水蒸气更容易吸热的结论。

在苏黎世工业大学期间，孔特教授不仅将伦琴视作优秀的实验合作伙伴，还视为亲密无间的家人，关心伦琴的生活条件和恋爱状况。后来，孔特教授要离开苏黎世前往维尔茨堡大学，当他意识到那里较高的薪水能帮伦琴一解困境、促成他与女友贝尔塔的婚事时，特意询问了伦琴的意见，希望师徒俩能在新的学校继续合作。

来到维尔茨堡大学后，由于学校委员会的墨守成规，伦琴没能如愿评上讲师。但孔特教授坚持认为伦琴的学术能力足够担任讲师一职，因此几次与评选委员会交流讨论，竭力帮伦琴晋升职位。尽管最后也无法转圜，但他安抚伦琴，让他不要就此气馁，并努力帮助他将注意力集中到研究上来，自己私下里也寻求转校的机会，为给伦琴提供一个更广阔的发展空间做好了准备。

孔特教授没有食言，这件事不久后，他就做出了前往斯特拉斯堡大学的决定，带着伦琴到了这所重新开办后设备先进、前景广阔的大学。在这里，孔特教授完成了著名的"孔特实验"。伦琴也在老师的指导下，

---

① 韩钢. X射线发现者伦琴[M]. 长春：北方妇女儿童出版社，2010：68.

博物馆小窗

凭借自己的研究如愿以偿地获得讲师资格。

后来，伦琴收到霍恩海姆农业大学聘任他为教授的邀请函时，内心是欢欣雀跃的。但要离开条件优越的斯特拉斯堡，伦琴的心绪也是起伏不定的。孔特教授看出了他心中的摇摆不定，鼓励他独自前往。后来，伦琴提到此事时多有不解，孔特教授于是在信中告诉了他缘由："当初你问我该怎么办的时候，我曾非常热心地鼓励你去，你可能觉得有些奇怪……但我想，你作为一个年轻而出众的科学家，应该出去闯一闯。"①

孔特教授了解伦琴，他能理解"正教授"一职对伦琴的吸引，他也知道霍恩海姆的实际情况，所以怀着师长如父的感情支持了伦琴的这个决定。伦琴跟随孔特教授多年，除了实验研究外，其他一概不用操心。但到了霍恩海姆，伦琴不仅要做实验，还要学会统筹，学会解决其他各种问题,这无疑是对他的领导能力和办事能力的锻炼。怀着这样的期许，孔特教授才对伦琴此次跳槽大加支持。不过他也不忍心学生被围困在日常琐事中太久，就在伦琴写信给他，表示希望重新回到斯特拉斯堡大学时，他立即写了一封长信，推荐伦琴担任理论物理学副教授。

孔特教授对伦琴的爱惜和培养让两人的关系更加亲密起来。在这次锻炼中获得的经验让伦琴可以在将来胜任吉森大学物理研究所所长、维尔茨堡大学校长的职务。后来，孔特教授身体状况恶化，伦琴更加努力工作，每月给老师去信汇报研究情况、问候老师的身体状况。

---

① 韩钢. X射线发现者伦琴[M]. 长春：北方妇女儿童出版社，2010：61-62.

遗憾的是，孔特教授在伦琴担任维尔茨堡大学校长那一年去世了，但他的爱护和教导始终指引着伦琴。伦琴在发现 X 射线后的严谨、细心和对解答困惑孜孜不倦的追求，以及后来他对自己助手和学生的严格要求，无一不体现着老师孔特对他的影响。

虔诚的科学圣徒

伦琴因发现 X 射线而声名日盛，但他从不将其称为“伦琴射线”，也反对别人使用这个名字。

伦琴在发现 X 射线 1 年后，还在继续做着相关实验，试图揭开 X 射线性质的秘密。那时，伦琴的夫人看到丈夫积极的工作状态，在写给丈夫堂妹路易丝的信中这样说道：“如果一个人获得这一切荣誉，就沾沾自喜，那是很危险的。但是没有人能像你那样深知我的诚实而谦虚的丈夫，你会理解到，他是以能完成一些有价值的东西，为纯科学服务来作为他的最高奖赏的。”①

X 射线在医疗上的初步应用取得了良好的成果，为检查患者骨骼愈合情况提供了巨大的帮助。伦琴身边的许多人都暗示，这是个发财的好机会，伦琴可以凭借 X 射线的专利权获得巨大的商业财富。

曾经使用过 X 射线的德国通用电气集团派出工程师麦克斯·列维，与伦琴商讨 X 射线垄断授权的问题。面对可预期的巨额财富，伦琴想到的是这一授权被垄断后，将有多少需要 X 射线辅助诊断的患者会因费用问题而“望之兴叹”。因此，他立刻回复道：“根据德国大学教授的优良传统，我认为他们的发明和发现都属于整个人类，这些发明和发现绝不应受专利、特许权、合同等等的阻碍，也不应受到任何集团的控

① 格拉塞尔. 科学家传记——伦琴 [M]. 高耘田，吴逸瀚，译. 北京：原子能出版社，1980：58.

制。”[1]在此后的日子里，真正收入伦琴囊中的最大一笔财富是来自父亲的遗产。而就在第一次世界大战爆发后没多久，这个凭借其造福人类的发现而备受追捧的物理学家就因通货膨胀而破产了。晚年的伦琴只好回到距离慕尼黑不远的乡下度过最后的时光。就连因获得电灯的发明专利而暴富的美国发明家爱迪生也说：“伦琴教授从他的发现大概连一块钱的好处也没有得到过。他是属于为兴趣而研究而且爱深入钻研自然秘密的那种纯科学家。”[2]

伦琴不热衷于追逐名利，他拒绝了巴伐利亚王室授予他的贵族爵位，却接受了家乡莱纳普给予他的荣誉公民称号。

大学在伦琴心中是培养人才、实现理想的地方。在这里任职的所有人，应最大化地实现自己的价值，他们在享受大学赋予的便利和职业带来的权利的同时，也要履行身为学者的种种义务。德国哲学家费希特就曾在《论学者的使命》中说：“学者是‘人类的教师’，他应是为社会而存在，为公众树立典范，为推进人类的进步事业而不懈努力，这是他的伟大而光荣的使命。”

伦琴在就任维尔茨堡大学校长时曾说过：“自命不凡、唯我独尊或是学术垄断，所有这些都源于对自己的错误估计……我们不仅要致力于忠实履行对自己的义务，也要致力于履行对别人的义务。只有如此，我们的大学才会被尊重。只有如此，我们对于这种学术自由的职业才能当之无愧。也只有如此，这种可贵的、不可或缺的权利才会保持下去。”

“理想的化身”

伦琴这一生最大的贡献在于发现 X 射线，凭此他不仅在 1896 年获

---

① 格拉塞尔．科学家传记：伦琴 [M]．高耘田，吴逸瀚，译．北京：原子能出版社，1980：71-72.

② 格拉塞尔．科学家传记：伦琴 [M]．高耘田，吴逸瀚，译．北京：原子能出版社，1980：72.

得英国皇家学会授予的拉姆福德奖章、意大利科学学会授予的马泰乌奇奖章，在 1897 年获得美国历史悠久的富兰克林学院授予的最高奖——艾略特·克雷森奖章，更是在 1901 年一举拿下第一届诺贝尔物理学奖。这一发现不仅在物理学界引起巨大轰动，还影响了后来放射性元素的发现和放射性医疗的发展，并将物理学引向原子领域。为了纪念伦琴的贡献，2004 年，国际纯粹与应用化学联合会以他的名字命名了第 111 号元素 Rg（轮）——一种具有多种不稳定同位素的放射性元素，而这一名称也在 2011 年被国际纯粹与应用物理学联合会采用。

伦琴能在物理学方面取得丰硕的科学成果，与他少时就养成的勤于思考的习惯密切相关。随处可见的风车、天空中飘散而下的雪花都能引起他的注意，对他来说，大自然的秘密实在是太多了。只要是引起他兴趣的东西，他必定要找出其中的奥秘。而且，虽然伦琴求学之路坎坷，但有幸得到老师孔特教授的指导和提携。在孔特教授言传身教下，伦琴养成了严谨、细心、认真、务实的态度。在科学实验中，连实验仪器都要亲手制作；即便是一个砝码，也会几次核对。这种态度也深深影响了伦琴的助手和学生们。

博物馆外景

博物馆旁街景

伦琴一心从事基础科学的研究，共发表论文 58 篇，篇篇精练，字字珠玑。当时热门的实用研究没能吸引他一丝一毫的注意，因为他认为关于基础科学的研究对探索揭示大自然有极为重要的作用。

在当时学界陆续有人因发明创造而获得巨额财富的时候，面对 X 射线专利权带来的巨大财富诱惑，伦琴则毫不犹豫地放弃，并将 X 射线的使用权开放给全人类。第一次世界大战爆发后，X 射线被应用于伤员救护，伦琴也因此获得了表彰。对他来说，这可能是战争中得到的唯一慰藉了。这种对科学的虔诚态度和对人类的大爱精神使伦琴在当时一众科学家中独树一帜，值得我们歌颂和敬佩。科学家列维就曾说过："这是我遇到的一位不仅有伟大的成就而且有最高理想的科学家。"①

伦琴在收到诺贝尔物理学奖奖金的当晚，就在自己的书房里写下了遗嘱，将所有奖金赠送给维尔茨堡大学，并希望将这笔钱用于学术研究。也许对于伦琴来说，什么都比不上那年维尔茨堡学生纷纷点燃手中火把、

① 赫尔内克．原子时代的先驱者 [M]．徐新民，译．北京：科学技术文献出版社，1981：55-81.

怀着激动的心情游行向他祝贺的场景，更能让他快乐。伦琴不论在学术中还是生活中，都秉持正直的内心，他的朋友鲍维利这样评价他："坚强、诚实而有魄力；献身科学，从不怀疑科学的价值；他对人民，对记忆中的事物以及对理想具有一种少有的忠诚和牺牲精神。"①

漫步于伦琴博物馆，走廊两侧悬挂着伦琴的生平资料，走廊的尽头，就是伦琴当年发现X射线的实验室。实验室里，相关物品和仪器按照当年的布局原状陈列，实验桌、书桌、仪器桌分布在房间四边。桌上最引人注目的便是一个圆柱形的、夹杂在散乱的众仪器中的阴极射线管。在它背后，厚重的帷布下是两扇明亮的窗户，当年伦琴就是在这两扇窗户下，不知疲倦地探索着自然界中的秘密。

时间回到1845年3月，谁都没有想到，一个出生在德国西部小镇的婴儿，将会发现一种足以改变世界认知的光线。并且，他善于求索，乐于求索，将兴趣发展为事业，并专注于此。俄国作家克雷洛夫曾说："伟人只在事业上惊天动地，他时常不声不响地深思熟虑。"从大学"落聘"讲师到成为享誉世界的物理学骄子，伦琴专注于实验物理领域，孜孜以求，从不追赶当时学界创造"专利"的时髦，不凭此大发横财，也不借此传扬名声，更未于上流社会的裙裾下夸耀流连。

在伦琴之前，也有许多人窥探到阴极射线中的秘密，但始终没能解开蒙在X射线上的那层面纱。伦琴有此发现，绝不能完全归功于幸运。王国维就曾指出，成大事业、大学问者，要达到"蓦然回首"便见"那人正在，灯火阑珊处"的第三境，皆须经过广见博识、穷尽思索的第一、第二境。正是伦琴对科学真理的不懈追逐、对实验环境的严格把控、对实验发现的反复论证，造就了这一令人瞩目的发现。"天下难事，必作于易；天下大事，必作于细。"老子的这一番话，道出了成功的奥秘。

"我的发现属于所有人。"在专利盛行、大发横财的时代，伦琴想到

---

① 韩刚. X射线发现者伦琴[M]. 长春：北方妇女儿童出版社，2010：149.

的不是 X 射线能为他带来多少财富，而是它一旦被垄断，多少病患将因高额的治疗费用而悲泣。伦琴心怀生民，兼济天下，其心磊落，昭如日月。

而今，那座名为“伦琴博物馆”的绿色小楼静静矗立在生机盎然的小镇，仿佛想告诉我们，威廉·康拉德·伦琴这位 19 世纪伟大科学家，将凭借他卓越的发现和高尚的精神而不朽于世。

（撰稿：曲赛赛）

参考文献

车吉心. 世界名人故居：科学家 [M]. 青岛：青岛出版社，2013.

格拉塞尔. 科学家传记：伦琴 [M]. 高耘田，吴逸瀚，译. 北京：原子能出版社，1980.

韩钢. X 射线发现者伦琴 [M]. 长春：北方妇女儿童出版社，2010.

赫尔内克. 原子时代的先驱者 [M]. 徐新民，译. 北京：科学技术文献出版社，1981.

何晓波. 物理学家的故事 [M]. 成都：四川大学出版社，2015.

刘豫霞. 伦琴 [M]. 北京：中国国际广播出版社，1998.

摩西. 世界著名教育思想家：2[M]. 梅祖培，龙治芳，等译. 北京：中国对外翻译出版公司，1995.

牛秋业. 中外科技名人 [M]. 济南：山东科学技术出版社，2013.

山本大二郎. 伦琴传 [M]. 文都苏，译. 西安：陕西科学技术出版社，1982.

隋国庆. 自然科学名家名作中的为什么 [M]. 武汉：湖北科学技术出版社，2013.

王平. 流光曳影——不曾搁浅的诺奖记忆 [M]. 苏州：苏州大学出版社，2017.

爱迪生

1886 年 2 月 24 日，刚刚过完 39 岁生日的爱迪生迎来了自己人生中的第二次婚礼。婚礼在靠近奥克兰的湖畔别墅举行，新娘是比爱迪生小 20 岁的玛依娜·米勒，她的父亲是这栋别墅的主人——路易斯·米勒。世界各地的贺电雪片一般飞来，使得小小的奥克兰电信局应接不暇。此时的爱迪生正在考虑送给新婚妻子一份礼物——一套纽约的公寓或者一幢新泽西州的乡村别墅。玛依娜知道，自己的丈夫是一位工作狂，大部分时间会在位于新泽西州的门罗公园实验室里。如果自己选择住在纽约，就很难经常见到丈夫了。刚刚结婚就要与自己的丈夫分居，这是玛依娜所不能接受的，于是她选择了新泽西州的乡村别墅，希望能与丈夫朝夕相伴。

1886 年 9 月，爱迪生满足了妻子的愿望，将新家安置在了新泽西州的西奥兰治。同时，他还送给妻子一份意外惊喜，在距离新家约 5 公里处建造了更加完善的研究所，并将门罗公园实验室整体搬迁到了这里。如此一来，爱迪生可以在半小时内往来于住所与实验室之间，妻子再也不用担心会与丈夫两地分居了。不久，爱迪生又将与亡妻玛丽·史迪威所生的3个孩子从纽约接过来，希望自己能够在工作之余陪伴在妻儿身边，尽一位丈夫和父亲的责任与义务。

爱迪生自1886年搬入西奥兰治别墅后，余生44年光阴皆在此度过。在这里，告别漂泊之苦的爱迪生幸福地生活，忘情地工作；在这里，爱迪生凭借天才的灵感，不仅为自己打造了一座梦幻科技庄园，还为世界输送了包括有声电影在内的1000余项发明，深刻改变了人类社会。1931年10月18日，星期日，发明大王爱迪生走完了他84年的伟大人生旅程，平静地离开了这个世界。临终时，他说："我为人类的幸福已经尽了力，没有什么好遗憾的了！"3天后的10月21日傍晚，爱迪生的遗体被埋葬在家中庭院的一棵橡树下。待到玛依娜去世后，夫妇合葬于此。

爱迪生的科技庄园

爱迪生的庄园占地520公顷。由于庭院绿化完善，设计新颖，远远望去宛若一座巨大的现代城市公园。幽静的傍晚，爱迪生结束了一天忙碌的工作，怀着轻松愉悦的心情启程返家。大门徐徐打开，汽车在幽静的林荫小道上缓缓行驶，迎面扑来混着松柏气息的花香。一幢两层方形小楼首先从树荫后跃出，米黄色的墙面搭配深绿色的格子窗，与周围的植被相得益彰，仿佛这建筑是随草木一同从土地里生长出来的——这是爱迪生的钢筋混凝土车库。值得一提的是，爱迪生是现代钢筋混凝土技术发展的重要推动者，他以自己设计的长型炼水泥炉革新了整个水泥工业。爱迪生曾预言："（未来）建筑不用钢筋混凝土，而用砖块和钢块，那建筑师肯定是太愚蠢了。"爱迪生的预言今日已经实现，庭院内这座屹立至今的钢筋水泥建筑正向人们展示着爱迪生"敢为天下先"的创新精神和超越时代的洞察力。

车库的大门并不比一般住宅门宽，但可以保障各式家用汽车顺利通过，从而达到既不影响建筑外表美观又简约实用的效果。车库中间是一个机械转盘，汽车停泊在转盘上时，可以通过转动机械转盘使汽车转向，方便汽车在几个停车位之间自由转移。这里可以说是爱迪生的“豪车收藏库”，除了几辆爱迪生非常喜欢的豪华福特轿车外，还有爱迪生自己发明的电动汽车。

谈到电动汽车，在当时，最难攻克的技术环节是如何为汽车提供持续的电能以代替内燃机。发电机可以提供足够的电能，但并不容易携带，对外界环境要求也比较高。当时的蓄电池虽然比发电机轻便，但只能短暂使用。针对这一技术难题，1900 年，爱迪生展开改良蓄电池的研究。1902 年，爱迪生以镍、铁和碱溶液为原料制造出世界上第一块“镍铁碱性蓄电池”，每充满一次电，可供车辆行驶 160 公里。1904 年，新型蓄电池在新泽西上市。然而，不久之后，这种新型蓄电池的弊病就暴露出来：电池中的碱溶液会在车辆行驶时渗漏出来，而且电池的电力随着充电次数的增加会迅速衰减。爱迪生决定停止出售这种蓄电池，并再次展开改良研究，终于在 1909 年研制出性能更加良好的蓄电池。爱迪生在蓄电池的发明上整整花费了 10 年的光阴，耗费 300 万美元巨资，而实验的次数高达 5 万次。由一块汽车蓄电池可以看出，爱迪生的发明是以能够推广使用为最终目的的。对于达到这一目的所遇到的困难，爱迪生从不吝惜耗费大量心血予以攻克。这种锲而不舍的精神时至今日依然能够鼓舞我们。

庭院中，从车库昂首西眺，就能看到爱迪生庄园的花房——一座培养美丽花卉的温室，一座豪华的私家室内花园。这座占地 40 公顷的连体建筑掩映在背后高大浓密的树林里，仿佛一艘浮出碧色波涛的潜水艇。建筑北侧是与车库风格一致的两间小屋，较窄一些，是温室的总控制室；向南纵向延伸的单层建筑覆盖着透明玻璃天花板，在傍晚的阳光下反射出点点温润的光亮。

爱迪生的花房中处处可见科技的神奇。玻璃天花板上有用机械驱动控制的遮阳板，夏天玻璃窗可以用机械打开通风，冬天有加热取暖的

爱迪生故居（美国新泽西州西奥兰治）

暖气。花圃有自动定时定量的浇灌系统，还有一些用于耕作的小型机械。几棵巨大的仙人掌，带刺的茎像巨蟒一样伸展开来，足有几米长，盘踞在温室的角落里。花卉品种繁杂多样，许多品种原本产于热带丛林或沼泽，在温室的护佑下，它们茁壮地成长着，为主人带来美妙的视觉感受。这座建筑还是爱迪生一家的种植园，爱迪生的妻子玛依娜闲来会带着孩子们种植一些作物，从耕种到收割全部都是机械化的。对于爱迪生一家人来说，耕种成为一种打发闲暇时光的享受。爱迪生的花房再一次证明了他的天才创意，他将天才的构思变成巧妙而实用的设备来造福人类，而这些先进完善的农业机械设备几乎全部产自 5 公里外的爱迪生实验室。

车库右边不远处就是爱迪生的住宅。这座住宅是三层楼的维多利亚式建筑，外部砖墙呈枣红色，门前是一大片草坪，呈现出典型的早年美国乡村风格。这个拥有 29 个房间的大建筑，住着爱迪生夫妇和 6 个孩子，其中的 3 个孩子是爱迪生与第二任妻子玛依娜所生。一进门，就是一间从地板到天花板均为全木装饰的客厅。一排沙发排列在壁炉前，中间地板上铺着一张熊皮，墙上挂着鹿头。当然，爱迪生并不爱好打猎，这只

故居陈设

是当时流行于欧美的一种装饰风格。

一楼大部分窗子的上半部分都用彩色玻璃镶嵌成花草鸟兽的图案，进门所见最高的一扇彩花玻璃窗镶嵌的是希腊神话中等待奥德修斯归来的珀涅罗珀。门的右手边是书房，除了门窗与壁炉外，厚实的木料做成的书架覆盖了四周的墙面，书架上放满了各式各样的图书，其中很大一部分是当时流行的小说。然而，这些书几乎从来没有被爱迪生翻阅过，因为这位专注于自然科学的发明家认为读小说是在浪费时间。所以，爱迪生很少来这里，大多数时间他都会和家人待在一起，或在楼上起居室的一张书桌前工作。一楼的餐厅、客厅和经常用来放映电影的花厅都布置得如同欧洲的贵族府邸。花厅拱起的天花板上还绘有油画。最漂亮的是爱迪生女儿结婚时使用的客厅，今天依然摆放着他女儿喜爱的三角钢琴和一架竖琴。

二楼是数间卧室和一间爱迪生工作的起居室。爱迪生夫妇的卧室并不大，其他几间大的卧室经常用来接待来访的客人，莱特兄弟、亨利·福特、海伦·凯勒等知名人物都在这里居住过。暹罗（今泰国）国王也曾拜访过这里，但因随从太多，爱迪生一家无法安排，才没有留宿。

出于工作需要，爱迪生喜欢光线好的房间，他在家里工作的起居室三面都有窗户，晴天时阳光普照，温暖而敞亮。当窗外下起细雨，爱迪生会暂时放下手里的工作，看着庭院里的青青草地与茂密树林，升腾的水汽将一切包裹在烟雾中，幽静而祥和。起居室里最显眼的是一张被爱迪生称之为“思想桌”的书桌。书桌桌面并不很宽阔，桌身由红色漆木制成，与家具整体色调相统一。在这张朴实无华的桌子上，爱迪生迸发出许多新颖奇特的构想。爱迪生经常从聚会、宴会上找借口溜走，回到他的书桌旁完成他的发明设计图。爱迪生喜欢和孩子们玩印度十字戏（形式上类似于今天的飞行棋游戏），认为这种游戏对孩子们智力的提高很有帮助。如今，在起居室的小桌上，还看得到这种游戏的棋盘。可见，爱迪生不仅是一位伟大的发明家，还是一位细心的父亲。

爱迪生夫妇卧室的隔壁就是他最喜爱的大女儿的卧室，现在还放置着当年的婴儿床。二楼的卫生间中放置着抽水马桶、带花洒和浴帘的浴缸，这些在今天都已经司空见惯，但在当时都是世界上最先进的洁具。要知道，在同时期的中国，慈禧太后还在使用着木质马桶和黄铜脸盆。

整座住宅都采用直流电网供电，这一点直到爱迪生去世也没有改变。住宅整体分前后两个部分，前面部分供爱迪生一家人生活起居，后面部分是仆人们居住、工作的场所。令人非常吃惊的是，后面部分的装潢也同样奢华考究，并未因供仆人居住而较之前面部分打一丝折扣。供仆人们使用的餐厅摆设讲究，有壁炉、餐具柜，还有一架钢琴。洗衣房里有一台世界上最早的滚筒式洗衣机。厨房没有一般贵族府邸里常见的大烤炉和大灶，而是两个带烤箱的四眼煤气灶。令人感到惊讶的是，厨房里竟然有一个冰室，用机械制冷。在冰箱还没有问世的年代，这应该算是世界上最早的家庭冷库。可以说，爱迪生家中的厨房，体现出了与其发明家身份相匹配的科技感。

爱迪生夫妇对待仆人的态度与 19 世纪末 20 世纪初的大部分有钱人不同，他们认为仆人的生活品位和尊严直接反映出主人的生活品位与尊严，所以一定要保障仆人们的生活质量。在爱迪生家工作的仆人几乎都可以达到当时美国中产阶级的生活水准。作为家中的女主人，玛依娜规定，除了日常的家庭服务以外，所有仆人不必随时伺候左右，只要在听见召唤铃声响的时候前来就可以了。玛依娜给仆人制订了详细的日常工作时间表，仆人可以自由支配工作以外的时间。由此可见，善待员工的观念一直贯穿爱迪生一生，因此他集聚了很大一批优秀员工，尽心竭力地为他的研究项目勤奋工作。爱迪生逝世后，玛依娜仍然广结善缘，做了很多慈善工作。

当我们带着敬意回望爱迪生这所 20 世纪科技博物馆般的故居，思绪逐渐清晰起来：爱迪生离开这个世界已经有 80 余年了，80 余年来世界发生了翻天覆地的变化。然而他的发明，特别是他为现代科技创新带来的现代化科研组织模式，仍然服务着全人类。他敢于创新、勤奋刻苦、精益求精的科学精神仍然感动、鼓舞着无数后来人。正如他的好友乔治·伊斯曼多评价的那样："托马斯·爱迪生，在使这个世界成为舒适、快乐而更好生活的各个方面，比谁都贡献得多……在他身上，结合了非凡的意志、无比的精力，甚至在垂暮之年，对于成功的解决当时问题，仍具有孩子般的热忱。"① 让我们怀着崇高的敬意，由这座故居出发，一起走近"发明大王"爱迪生吧。

发明家的养成计划

位于伊利湖东南岸的俄亥俄州米兰镇，有位经营制材工厂的老板，名叫塞缪尔·爱迪生。1847 年 2 月 11 日，外面正下着鹅毛大雪，塞缪尔·爱迪生家的第三个孩子诞生了。高兴的塞缪尔希望这个孩子能像自己的曾祖父一样长寿，所以特地给他取了曾祖父的名字——托马斯·阿尔瓦·爱迪生。周围的人觉得不太妥当，他们认为爱迪生家族带有"固执"的基因，

---

① 梁实秋. 名人伟人传记全集 26：爱迪生 [M]. 雪樱，译. 香港：名人出版社，1982：208.

故居内景

取这样一个名字，孩子长大了又会成为一个固执的家伙。塞缪尔不以为然，反驳道："固执也不一定不好。比方说，如果发现对社会有益的事情，不管周围的人怎么说、怎么想也一定坚持到底，这种固执的坚强意志也很重要。我希望刚出生的托马斯也能成为这样的人。"[①] 正如父亲期望的那样，与生俱来的"固执"带给爱迪生超凡的毅力和对完美的渴望，使他在发明之路上始终充满干劲。

爱迪生的母亲南茜出生在加拿大，是一位牧师的女儿，很有教养，还当过中学教师。她与丈夫塞缪尔因政治避难才来到美国俄亥俄州小镇米兰。在南茜的精心呵护下，爱迪生发育得很好，周围的人都很喜欢他，还给他起了一个昵称——"艾尔"。艾尔渐渐长大，从外表看上去他与其他孩子没有什么不同，只是头有些大，显得不怎么好看。然而他有着一颗比普通孩子强烈许多的好奇心。艾尔总是追着父亲工厂的工人问一些并不引人注意的问题，比如"火为什么会燃烧""母鸡为什么会孵出

① 吴定初，黄萍．天才发明家：爱迪生[M]．成都：巴蜀书社，2015：3.

小鸡”。得不到满意的回答时，艾尔就会亲自做实验，比如，在自家储藏室边上放火，学母鸡的样子孵鸡蛋，等等。由于经常产生一些“古怪”的想法，并因为做一些危险的实验而闯祸，周围的人开始讨厌艾尔，甚至认为他的脑子有问题。父母看着艾尔，心里想：“艾尔真和一般小孩不同，将来长大了不知会成为什么样的人？”

1854 年，因为伊利湖南岸铁路通车，米兰运河的商船生意逐渐走向萧条。塞缪尔举家迁往密歇根州休伦港北部的格拉蒂奥特堡。1855 年，爱迪生走入学校的大门，见到了自己的校长兼老师恩格尔先生。入校不久，老师们就发现这个孩子与其他孩子不同，他常常在上课时提出一些另类的问题，比如“风是怎样产生的”“一加一为什么等于二”等。无法回答这些问题使老师们觉得很难堪。仅仅 3 个月后，爱迪生被当作智力有障碍的孩子而被逐出学校。幸运的是，爱迪生的母亲南茜是一家女子学校的教师，拥有丰富的教育经验。她不认为自己的孩子是“低能儿”，开始亲自教授他知识。

在母亲的眼里，爱迪生非但不是“低能儿”，还是拥有超人才华的天才。南茜鼓励爱迪生自己动手做实验。当讲到伽利略的“比萨斜塔实验”

故居餐厅

时，南茜带爱迪生到自己家旁边的高塔上尝试。爱迪生将两个大小和重量不同的球同时从高塔上抛下，结果两球同时落地。感到惊讶的爱迪生兴奋地向母亲汇报了实验结果。母亲的爱和引导给了爱迪生信心，爱迪生从此更加执着于实验。一个伟大的发明家正在母亲的呵护下悄然成长。

南茜不仅让爱迪生尽情发挥自然科学方面的天赋，还十分注重对他进行文学和历史方面的培养。在母亲的指导下，爱迪生阅读了莎士比亚、狄更斯等伟大的英国作家的著作。此外，爱迪生还读了许多重要的历史书籍，如爱德华·吉本的《罗马帝国衰亡史》、大卫·休谟的《英国史》。爱迪生在阅读时展现出一目十行、过目不忘的超人本领，他被书中的真知灼见深深吸引。这些知识拓展了爱迪生的视野，启发他不断向更广阔的天地迈进。

1857 年，爱迪生开始对化学产生兴趣。他在自己家中的地窖里按照教科书做实验，搞得事故频发。这一时期的爱迪生曾做过一次使人飞上空中的实验。他给自己的朋友迈克喝了沸腾散，声称喝下后身体内就会积下比空气更轻的气体，身体就会浮起来。结果迈克喝下后感到腹痛难忍，好在服用剂量不大，抢救后最终脱离生命危险。父亲将爱迪生毒打了一顿，母亲南茜也少有地训斥了爱迪生，告诫他不应该拿别人的生命来做危险的实验。不过，南茜并没有阻止爱迪生继续做实验。

1859 年，爱迪生为了有足够的钱购买化学药品和实验设备，开始找工作赚钱。爱迪生谢绝了父亲为他念书和做实验买单的好意，并说道："我想用自己赚的钱念书，我已不是小孩子了。"[①] 爱迪生的第一份工作是在火车上售卖报纸。在往返于休伦港和底特律的火车上，爱迪生游走于各个车厢之间推销报纸，还捎带着卖一些瓜果蔬菜。而在工作的间隙，爱迪生还会前往图书馆看书，继续充实自己。

这位火车上的卖报童意外地展现出了经商的天赋。1861 年 4 月，

① 拾月．爱迪生：光明使者的精彩人生 [M]．长春：吉林出版集团有限公司，2016：26.

美国南北战争爆发。每个美国人都很关心这场战争，想知道战事进展。爱迪生在布告板上看到：双方在希洛地区发生激战，有两万五千人伤亡。他赶紧跑到车站的电信室，请求电信员拍电报给各站，要他们在车站内张贴这一消息，并承诺每天给电信员送一份报纸。与电信员谈妥后，爱迪生随即去底特律自由报社预订了 1000 份刊载希洛地区激战消息的报纸。果然不出爱迪生所料，在回程的火车上，旅客因为已经看过布告板上的简讯，一个个抢着买报纸以了解详情。爱迪生将原本 5 分一份的报纸涨价到 2 角 5 分，1000 份报纸依然很快卖光了。爱迪生一下子赚到一大笔钱。

1861 年，爱迪生用卖报挣来的钱买了一台二手的印刷机，开始出版自己主编的周刊《先驱报》。受经济条件限制，爱迪生不得不将所有工作一肩挑，他既是社长、记者、发行人，又是印刷工人和报童。火车上的工作挤占了爱迪生做实验的时间，于是他决定把实验室搬到火车上来。列车上有一间休息室，由于空气不能流通，很少有人到那里去，久而久之变成了闲置的空房间。如果把那间休息室改为实验室的话，在返回休伦港的途中，他就可以挤出时间做实验了。在征得列车长的同意后，那间闭塞而简陋的休息室成了爱迪生发明创造的新场所。然而好景不长，有一次他的实验室中化学物品突然着火，造成了损失，列车长一气之下把他的实验器材全部扔出了车外。

爱迪生在成长的道路上，尽管遭遇了许多失败与挫折、嘲讽与质疑，但在母亲的鼓励下，爱迪生非但没有丢失好奇心和信心，反而逐渐养成了专注与执着的性格，而他与生俱来的勤奋与聪慧也在苦乐交织的童年生活中不断展现出来。待到成年，他已经具备了一个伟大发明家应该具有的宝贵品质。

人生的第一桶金

1868 年，爱迪生已经是 21 岁的青年了。从 17 岁开始，爱迪生一直担任电信技师，在全国各地跑来跑去，不断学习电气方面的知识。这时候的爱迪生开始考虑自己的未来。他想，当一辈子的电信技师没有什么意思，应该用所学到的电气知识，发明一些对世界有贡献的东西。

有一天，他在报纸上看到一幅华盛顿国会的照片。照片中，为了表决议案，几百位议员拿着赞成或反对的投票用纸由讲台周围轮流走到主席台前。显然这种投票方式效率十分低下。爱迪生突然想到一个办法：如果议员们只要坐在自己席位上，按一下桌角的按钮就能让议长知道投票结果的话，便不必浪费时间了。精通电气知识的爱迪生便着手绘制了设计图，并马上找到波士顿的一家电气机械工厂，按照设计图纸将机器生产了出来。爱迪生首先订购了一台，接着就去申请专利。1869 年 6 月 1 日，投票记录机的专利许可证终于办下来了。爱迪生手里拿着专利许可证，像个孩子一样高兴地跳了起来。这是爱迪生几百种专利许可证中的第一份。爱迪生自此决定辞去电信技师的职务，专心致力于发明。

然而，爱迪生本以为投票记录机会因提高国会的工作效率而受到欢迎，但现实却向他浇了一盆冷水。议长告诉爱迪生，多数人的意见不一定对，少数人的意见反而常常比较正确。那些少数人如果看到自己的意

故居卧室

故居内景

见将被否决，就会讨价还价，想办法拖延时间。这样，爱迪生的发明反而不方便，国会和各州议会都不会采用。投票记录机的推广失败没有使爱迪生气馁，他开始认真反思，并决定今后在发明之前一定要仔细地考察人们究竟需要什么样的机器，决不再把精力浪费在没有意义的发明上。

投票记录机的推广失败导致爱迪生欠下了不少债务，最困难的时候他口袋里不足 50 美分。然而爱迪生并没有向贫困低头，童年时父亲工厂经营失败的经历告诉他，暂时的失败并不可怕，可怕的是丧失掉斗志、信心与勇气。1869 年夏天，在朋友的建议下，爱迪生毅然登上了由波士顿前往纽约的夜班汽船。爱迪生到达纽约时已快天亮，在登上海岸的刹那，他感慨道："这就是大纽约。"这位囊中羞涩、肚子饿得咕咕叫的年轻人逐渐被港口拥挤的人潮淹没，谁也没有料到这位寒酸的青年，3 年后会名震纽约。

初到纽约，爱迪生借住在一家黄金行市显示器公司的电池室，靠从朋友那里借来的 1 美元支撑了 3 天。到了第四天，爱迪生听闻这家公司的黄金行市显示器发生了故障，公司上下急得团团转。就在此时，对此轻车熟路的他很快就修好了显示器。总裁罗斯非常欣赏爱迪生的才华，直接任命他为公司设备总技师，月薪 300 美元。爱迪生终于能够在纽约立足了。尽管这一过程中有运气成分，但真正促成爱迪生触底反弹的是他“贫贱不可夺其志”的坚毅品质。

黄金行市显示器公司在 1869 年 9 月被西部联合公司合并，爱迪生干脆辞去总技师的工作，和同事富兰克林·波普合作，共同开设了“波普–爱迪生公司”，主要承办私设电信线路工程。此外，爱迪生又在一家医生的诊所里开设了一间发明实验室。彼时的爱迪生租住在新泽西州伊丽莎白市的波普家，早上 6 点起床，7 点乘车到纽约，下午 6 点下班后立即赶往自己的实验室，进行与发明有关的构想和实验。次日凌晨 1 点，他乘火车返回住所，上床睡觉往往是凌晨 2 点了，一天睡眠时间不足 4 个小时。就这样，功夫不负有心人，3 个月后，爱迪生发明了电信印刷机，不久后在此基础上又发明了爱迪生式万能印刷机。

西部联合公司总裁勒弗兹希望能够购买爱迪生的专利，当爱迪生犹豫该要 3000 美元还是 5000 美元时，勒弗兹开口提出了 5 万美元的收购价。爱迪生在赚取人生真正意义上的第一桶金后，深刻认识到科学技术在生产力飞速发展时代的巨大价值。此后，爱迪生认为个人精力有限，无法兼顾自己的实验室与公司，遂决定与波普“和平分手”，并利用刚刚到手的专利费在新泽西州的纽瓦克建了一家工厂，专门制造各种电气机械。此时的爱迪生只有 23 岁。

在这家工厂里，爱迪生度过了 7 年的时光，完成了 122 种发明，并且都获得了专利许可证，可谓刮起了一场电信机械革命的风暴。这其中最著名的发明是同步发报机。这项发明不但可以在 1 分钟拍发 3500 句话，还节省了 1/4 的电线安装和维护费用，使得整个美国仅仅在线路的安装和维护费上就节省了将近 2000 万美元。

一天，爱迪生正沉浸在刚刚改良雷明顿打字机的喜悦里时，收到一封写有“母病危”的电报。爱迪生急忙赶回家去，看望母亲。母亲头上满是白发，因病痛折磨，已经瘦骨嶙峋。她无力地睁开眼睛对爱迪生说：“是艾尔吗？”

“妈妈，您一定要好起来，我的工作才刚刚开始呢！”

他紧紧握住母亲瘦削的双手，似乎在向上帝挽留自己的母亲。

母亲低声叹息着说 :“艾尔，我不行了，我会在天上看着你工作的。”

“妈妈！”

爱迪生泪如雨下，泣不成声。对爱迪生来说，母亲比谁都重要。当爱迪生被邻居嘲笑时，是母亲把他揽入怀抱给他安慰；当他被学校判定为低能儿而开除时，是母亲给他信心，为他打开通往知识宝藏的大门。母亲是爱迪生最坚实的后盾，她给予了爱迪生信心、勇气和爱。

“艾尔，不要哭，你还年轻，以后也许会碰到更多痛苦或不愉快的事。可是你不能气馁，要勇敢面对。”

在给爱迪生上完最后一堂课后，母亲南茜离开了自己深爱的儿子，享年 61 岁。爱迪生在悲痛之余，决定更加努力地工作，以告慰母亲的在天之灵。

门罗公园的魔术师

1875 年年底，爱迪生的妻子玛丽临盆，爱迪生夫妇将要迎来第二个孩子。家里原本并不宽敞的房子显得更加拥挤。同时，纽瓦克工厂的厂房条件也引起了研究人员的普遍不满，狭窄的空间、晦暗的光线、喧闹的声音严重影响了他们的工作效率和工作状态。于是，在 1876 年，爱迪生将研究所搬到了门罗公园。那是一幢长方形的二层楼房，南面长排玻璃窗反射着耀眼的日光，楼上排满药品柜子。它是世界上第一个以技术革新和改善现有技术为目的的科研机构。许多优秀的科技工作者汇集于此，为了自己的理想与人类的幸福而努力工作。爱迪生在距离这幢研究所不远的地方，建了一栋舒适的三层住宅。宽广的庭院有一大片整齐的草坪，还有风车和马棚，孩子们可以在这里游戏。

1876 年，为纪念美国独立 100 周年，美国政府在第一次响起独立自由之钟的费城举办了世界博览会。自豪的美国人将过去 1 个世纪以来

故居内景

由本国发明家创造的重要发明整整齐齐地铺排开来。透过这些发明，来自世界各地的人们以欣羡的目光了解这个新兴的“电气国家”。虽然身为青年发明家的爱迪生和他的发明还不是这届世博会的主角，到这里来参观展览的人们，大概做梦也不会想到就在不久后，爱迪生设在门罗公园的研究所会发明出电话、留声机、电灯等彻底改变人类生活的伟大产品。

爱迪生在门罗公园研究所的第一项发明是电话。那时爱迪生才 29 岁，这位年富力强、朝气蓬勃的发明家为了纪念新研究所的成立，迫切地想要完成这项特别的新发明。电话的原理在爱迪生出生的 10 年前就已经为人所知：同是美国人的柏基发现，只要在铁棒上绑上铁线，并使电流快速地通过，那么铁棒就会因磁化或因失去磁力而发出声音来。与爱迪生同时从事电话发明研究的还有著名的亚历山大·贝尔和伊莱沙·格雷，三位伟大发明家之间的竞争可谓激烈。

爱迪生在 1876 年 1 月 14 日向专利局申请了许可权保护。按照美国的专利法规定，将要发明出来的新产品可以提前申请专利保护，专利局在其获得许可权保护后短期不得接受近似产品的专利申请。然而，贝尔率先在 1 个月之后的 2 月 14 日完成了这项发明，并正式申请了专利许可证。在同一天，只晚了两个小时的伊莱沙·格雷也完成了发明，也正式申请了专利许可证。最终，贝尔获得了电话发明的专利许可权，并将自己发明的电话拿到当时正在费城举办的美国独立百年纪念博览会展出，声名大振。爱迪生听到专利局的决定后，并没有因慢人一步而焦躁，依然按部就班地从事自己的电话研究工作。在他看来，贝尔的电话是磁石型，要打电话，需要使用一种工具放在耳边和嘴边，而且声音很小，听不清楚，传送距离也有限，只能勉强在隔壁房间通话。终于，在几个月之后，爱迪生发明了碳素送话器，并在与改良后的贝尔电话机的性能测试比拼中获得了胜利，成功拿到专利。最终，爱迪生以 10 万美元的价格将专利权出售给了西部联合公司。可以看出，爱迪生并不是一个一味贪图名利的人，他的最终目的始终是创造出对人类有用的发明。投票记录机推广失败的教训时时告诫着爱迪生，不实用的发明对世界是没有任何意义的，而对于发明者而言也不过是在浪费时间。有了那一次的教训，尽管身处竞争激烈的环境中，爱迪生也决不会因贪求发明速度而给产品留下缺陷，更不会向不完善的产品妥协。

由于总是保持着对产品细节精益求精的态度，爱迪生往往能够在一项发明中获得意外的灵感。在改良电话的过程中，爱迪生发现送话器里的金属板随声音而振动。他找了一根铁针，竖立在金属板上，用手轻轻按着上端，然后对金属板讲话，声音的快慢高低能使铁针相应产生不同的振动。爱迪生为此画出草图让助手制作出机器，在经过多次改造后，第一台留声机诞生了。

如果没有电灯的话，世界会变成什么样子？人类过了几千年用火把和蜡烛照明的生活，然后从蜡烛进化到煤油灯。当时煤油灯是一种奢侈品，爱迪生出生的时候，煤油灯在美国还没有普及。到了 18 世纪，人们开始烧煤，并发现煤会产生瓦斯。1872 年，英国一位名叫默多克的人利用这种瓦斯发明了“瓦斯灯”。然而那时候的瓦斯灯光线很暗，而且也不是每个家庭都能使用。整个世界都在夜间的黑暗中盼望着一种新型灯具的到来。

爱迪生在成功发明留声机后的次年即1878年的6月，难得地与夫人玛丽开始了为期两个月的美国中西部旅行。在路过约塞米特溪谷时，眼见许多矿工正满头大汗地使用十字镐艰难地工作，爱迪生对身旁的朋友派克教授说："你看，那些人在浪费时间和劳力。附近不是有瀑布吗？利用瀑布的水来发电，以帮助工作，工人们就不必那么辛苦，而效率也会提高几十倍。"

"一点儿也不错。"派克教授说道，"能成功利用电气的人，会成为人类的恩人。"

"派克教授，我相信不久的将来，全美国的瀑布都会用来发电。电力不但可以供应工厂，也可以送到人们的家庭供取暖和炊事之用。还有，电气的能量如能转变成光，用于照明的话，那么现在我们所使用的这种有臭味、光线暗淡且不方便的煤油灯和瓦斯灯，就派不上用场了。"

听爱迪生描述了这个想法后，派克教授告诉爱迪生，住在康涅狄格州亚桑尼亚的比尔·华莱士正在研究电灯。于是爱迪生在返程途中拜访了华莱士的研究所。在那里，他了解到，华莱士正在尝试改良哈弗莱·戴维于1921年发明的电弧灯。这种灯在巴黎各剧场已经投入使用，可是需要不断地更换碳棒，不仅要消耗大量电力，使用上也很困难，根本不适用于一般家庭。然而华莱士在将电弧灯彻底实用化的过程中遇到了困难，研究停滞不前。爱迪生临行前，华莱士将自己制作的发电机和电弧灯赠送给爱迪生，希望爱迪生能够在电灯研究方面有所突破。科学家之间这种不分彼此、一心为科学为人类的情怀着实令人动容。

回到门罗公园的爱迪生马上开始了新的研究。与电弧灯原理不同，爱迪生的思路是将电流通到好几根细铁丝上，铁丝因电阻生热进而发出白热的光。爱迪生预计两年内完成这种"白热电灯"的发明。为了募得科研基金，爱迪生成立了爱迪生电灯公司，并以出售股份的形式得到洛雷等股东5万美元的资金支持。

然而，实验比爱迪生预想的要困难得多，原因是始终无法找到耐用的材料制作灯丝：用传统的炭条作灯丝，在通电的瞬间灯丝就断了。用钉、铬等金属作灯丝，通电后，灯丝也只是亮几分钟就烧断了。用熔点更高的白金丝作灯丝，效果依旧不理想。就这样，爱迪生试验了 1600 多种材料，在一次次的试验、一次次的失败后，很多专家都认为电灯的前途黯淡，英国一些专家甚至讥讽爱迪生的研究是“毫无意义的”。一些记者也报道：“爱迪生的理想已成泡影。”与此同时，5 万美元的科研费用很快用完了，一部分股东的信念开始动摇。研发遇到瓶颈，经济上捉襟见肘，舆论更是充斥着冷嘲热讽，然而爱迪生没有丝毫退却之意。过往的经历告诉他，失败并不可怕，失败带给他的经验将促使他迈向成功。经过爱迪生苦苦劝说，股东们决定再给爱迪生一次机会，又拿出 5 万美元资助爱迪生。

上天总是垂青永不放弃的人，1879 年 10 月，老朋友麦肯基来爱迪生家中做客。无意间，麦肯基说话时不停晃动的长胡须引起了爱迪生的注意。一丝灵感划过爱迪生的大脑，他突然说：“胡子，先生，我要用您的胡子！”麦肯基虽然有些纳闷，但还是剪下一绺给了爱迪生。爱迪生兴奋地从中挑选了几根粗胡子，进行碳化处理，然后怀着期待与担忧的心情装在灯泡里。令人遗憾的是，试验结果并不理想。“那就用我的

车库

头发试试看，没准能行。”麦肯基说。朋友的支持深深地感动着爱迪生，但他明白，头发与胡须性质几乎一样，没有必要做无谓的尝试。当爱迪生起身准备为这位慈善的老朋友送行时，他下意识地想帮老友拉平身上穿的棉线外套。当手指触碰外套的刹那，他又喊道："棉线，为什么不试试棉线呢？”麦肯基毫不犹豫地解开外套，揪下一绺棉线递给爱迪生。爱迪生把棉线放在坩埚里进行高温碳化处理，接着用镊子夹住碳化的棉线，准备装进灯泡里。也许是由于太过紧张，也许是由于碳化棉线太细太脆，爱迪生的手颤抖不止，竟然将棉线夹断了。

在麦肯基的帮助下，爱迪生平复了心情，冷静地把一根碳化棉线装进了灯泡。爱迪生的助手把灯泡里的空气抽走，并将灯泡安在底座上。一切工作就绪，大家静静地等待着结果。夜幕降临，接通电源后的灯泡发出金黄色的光辉，均匀地洒在爱迪生幸福的脸上。电灯的亮度让人欣喜，但是，这灯丝究竟能坚持多久呢？会不会又像之前试验过的材料那样片刻就被烧断呢？ 1 小时，2 小时，3 小时……时间一分一秒地过去，爱迪生的心情越发激动，这盏电灯足足亮了 45 个小时，灯丝才被烧断。人类第一盏有实用价值的电灯诞生了。这一天是 1879 年 10 月 21 日，后来被人们定为电灯发明日。

在巨大的成功面前，爱迪生并没有满足，没有陶醉于成功的喜悦之中，而是给自己提出更高的要求："45 小时，还是太短了，必须把它的寿命延长到几百小时，甚至几千小时。”[①] 有一天，天气闷热，他顺手取来桌面上的竹扇，一边扇着，一边考虑着问题："也许竹丝碳化后效果更好。”此时的爱迪生简直是见到什么东西都想试一试。试验结果表明，用碳化竹丝，尤其是碳化后的日本竹丝作灯丝效果最好，不但亮度高，而且可足足亮 1200 小时。很快，碳化竹丝电灯开始投产。爱迪生把生产出来的第一批灯泡安装在“加内特号”考察船上，为考察人员争取到

① 墨非．国学中的修身之道 [M]．北京：中国华侨出版社，2016：176.

更多的工作时间。通过实用检验后，电灯很快风靡千家万户，人们夜间的活动因电灯的到来获得了极大的解放。几十年后，爱迪生又用钨丝替换碳化竹丝作灯丝，并在灯泡内充入氮气、氩气等惰性气体。这样，灯泡的寿命又延长了许多。这种钨丝灯泡直到今天依然被使用。

门罗公园时期的爱迪生好像一位魔术师，变戏法般地将具有划时代意义的发明呈现给人们。当然，这个世界并没有魔术，爱迪生每一项发明的背后，都是他成百上千次失败的实验。当听到了电话另一端跨越城市的声音，当摇动留声机转杆听到了录制的歌曲，当碳化竹丝电灯持续绽放出光亮，爱迪生像游戏胜利的孩子一样欢愉，机械里的电流仿佛穿过了他的心。多少汗水的挥洒，多少日夜的苦熬，终于在这一刻得到回报。这是专属于发明家爱迪生的快乐。

西奥兰治的发明工厂

在西奥兰治的主干道东侧，老远就可以看到一座三层高的矩形厂房，旁边是高大的烟囱和水塔。矩形厂房长 77 米，宽 8 米，由红砖砌成。与之相邻的是 4 座长 30 米、宽 6 米的平房。这组建筑就是爱迪生研究所，一座名副其实的发明工厂。

1886 年，爱迪生在搬进新居的同时，又在附近 5 公里处建造了更加完善的研究所。此时的爱迪生，已经成功发明了留声机和碳化竹丝电灯，并依仗门罗公园研究所生产出的机械积累了可观的财富。正值新婚燕尔的爱迪生，希望在事业上更进一步。于是，爱迪生将门罗公园的爱迪生实验室完整地搬迁到西奥兰治。当这座研究所安置完设备之后，爱迪生对全体员工说："诸位，我们的一切工作就从现在重新开始。"从那时起到爱迪生去世的 44 年间，他的种种发明都是在这里完成的。

一进研究所主楼大门，映入眼帘的是世界上第一台打卡机。机器正上方是个大时钟，两边是插卡的插槽，右边是出门槽，左面是在场槽。员工进门从右面槽中取下自己的员工卡，插在钟下面的打印机槽里，扳

爱迪生在故居前

动手柄打印好进厂时间，再将卡片插入左边的在场槽中。下班时打印离场时间后再插回右面槽中。这种考勤记录规则至今仍有很多企业在采用。爱迪生要求员工们不许迟到早退，这意味着一名爱迪生研究所的科技工作者从跨入实验室大门的一刻起，就要保持严谨自律的工作态度。爱迪生对自己的要求同样非常严格，在 75 岁高龄时，他依然每天准时打卡上班。

在新研究所一端的空旷区域，有一间百余平方米的黑色大屋。黑屋坐落在一个圆形轨道上，可以围绕中心旋转。这就是世界上第一个制片厂。世界上第一张唱片与第一部电影都是在这个黑屋里录制、拍摄的。1889 年，巴黎举办世界博览会，爱迪生应法国政府邀请前往参加。在世博会上，爱迪生看到法国摄影家艾蒂安·朱尔·马雷发明的一种能够快速切换照片的机器，以及乔治·伊斯曼发明的新型感光胶片。爱迪生受到二者启发，利用视觉暂留现象，开始研究电影机。照例，研究所通宵作业，先制作一种 1 秒钟能拍摄 46 张底片、1 分钟能拍摄 2760 张底片的摄影机，接着是建造一间摄影用的摄影室，也就是之前我们提到过的那间黑色大屋。1891 年 5 月 20 日，爱迪生第一次在研究所展示活动电影放映机技术，并在1903年摄制了第一部电影《火车大劫案》。1910年，爱迪生将留声机的声音和电影摄影机的图像合二为一，发明了有声电影，为美国“好莱坞”电影的诞生与发展奠定了坚实的技术基础。当爱迪生迎来自己77岁寿辰时，为了表示祝贺，那些和电影事业有关的人士联合起来举行了一次盛大的餐会。餐会上，爱迪生说：“对于电影的发展，我只是在技术上出了点力，其他都是别人的功劳。我希望大家不要只拿电影来赚钱，也要为社会多做一些有益的贡献。”这席话，使与会者十分感动。

正当爱迪生准备在新的研究所里大干一场时，一件麻烦事找上门来。尼古拉·特斯拉——爱迪生实验室最具天赋的员工，因为与爱迪生在科学理念上存在根本分歧，决定离开爱迪生的公司，并自己创建了特斯拉电灯与电气制造公司。二人的分歧产生于1884年。刚刚入职爱迪生公司的特斯拉认为，为用户提供交流电要比直流电更加安全方便，并表示自己可以制造交流电发电机。爱迪生与特斯拉的观点相反，他认为还是直流电更安全。1885年，特斯拉提议重新设计制作直流电发电机，

爱迪生与其妻之墓

以提高发电效率。爱迪生认为这是不可能的，于是答应特斯拉如果机器能做出来就给他 5 万美元。然而特斯拉真的成功了，爱迪生却没有兑现诺言，并笑称这是个“美国式玩笑”。这个事件彻底激化了两人的矛盾，特斯拉创建新公司后，开始研究和推广交流电，而爱迪生的公司是靠直流电经营的。因此，特斯拉成为爱迪生最大的竞争对手。不得不承认，爱迪生继承了家族特有的固执性格。当面对挫折时，这种性格可以帮助爱迪生咬紧牙关不放松；而当自己积累一定声望后，面对初出茅庐的新人，这种性格让爱迪生显得有些自负与偏执。交流电的推广并没有因为爱迪生的反对而停滞不前，在时代的选择下，交流电很快取代了直流电。然而直到逝世，爱迪生依然固执地认为直流电比交流电更优越。

因为交流电更适合远距离传输，比直流电更具有竞争优势，而且利润更大成本更低，爱迪生电气公司渐渐丧失市场份额，财务状况也急剧恶化。1892 年，在美国“金融巨头”摩根的主导下，爱迪生通用电气公司与汤姆逊·休士顿电力公司合并，称为“通用电气公司”，爱迪生黯然出局。公司合并后，爱迪生转向了采矿业，他花钱在新泽西州买了上万英亩的低品位铁矿。这是爱迪生的一次“豪赌”,而他必胜的“法宝”就是他发明的新型选矿法和碎石机。依靠核心技术优势，爱迪生的矿业公司出产的矿石质优价廉。他乐观地估计：不出七八年，就可以实现年产 1000 万到 2000 万美元的矿石，净赚 300 万美元。但上帝跟爱迪生开了一个玩笑，1898 年，明尼苏达州发现了很大的铁矿。该铁矿不仅品位高、分布广，而且可以露天采掘，成本低廉。铁矿石的价格陡降了 1/3，这样爱迪生就不得不亏本生产，200 万美元的投资打了水漂。51 岁的爱迪生不但耗尽了全部财产，还欠了很多的债。采矿事业失败了，爱迪生又转向水泥业：他从矿场运来了石灰石，利用开采铁矿时粉碎矿石的机器粉碎。与其他水泥厂相比，爱迪生的水泥厂最大的特点莫过于全面采用机械动力装置，因而利润很高。1905 年，该水泥厂成为全美五大水泥厂之一，而且爱迪生开采铁矿所欠下的债不出 3 年全部还清了。

西奥兰治时期的爱迪生依然保持着旺盛的创造力，其名下 1093 项专利有 2/3 是在这一时期完成的。年龄的增长并没有阻碍他不断尝试新鲜事物，反而为他提供了年轻时所不具备的经验。名望的提升与荣誉的积累也许使爱迪生变得有些自负，但他对自己的要求从未有任何松懈，依然执着于每项发明的每一个细节，依然废寝忘食地工作。他仿佛一台永不停止运转的发明机器，不断为人类带来惊喜与福音。

发明大王的谢幕

1929 年 10 月 21 日，是电灯发明 50 周年纪念日，人们为爱迪生举行了隆重的庆祝大会。德国的阿尔伯特·爱因斯坦和法国的玛丽·居里纷纷前来祝贺。然而在这次庆祝会上，当人们正在仔细聆听他的发言时，爱迪生却由于过分激动，突然昏厥过去。从此，他的身体每况愈下。1931 年 8 月 1 日，爱迪生在研究所工作时，突然倒地不起。经医生诊断，他同时患有慢性肾炎、糖尿病和尿毒症。即便身染重病，爱迪生每值病情稍微好转的时候，仍念念不忘地说："我希望快到研究所去。"[①]1931 年 10 月 18 日早上 8 点 24 分，爱迪生在睡梦中安详离世，享年 84 岁。

1931 年 10 月 21 日，美国政府下令在全国范围内停电 1 分钟。晚上 6 点 59 分，洛杉矶的电灯全部熄灭，繁华的好莱坞霎时被星夜吞噬；7 点 59 分，波士顿坠入浓浓的黑暗，哈佛大学的科学工作者对着星空默哀；8 点 59 分，芝加哥有轨电车、高架地铁停止运行，从密西西比河流域到墨西哥湾沿岸，看不到一丝人间的光亮。9 点 59 分，象征美国文明的纽约自由女神熄灭了手中的火炬。在停电的 1 分钟里，城市仿佛又回到了煤油灯、煤气灯的时代。1 分钟过后，电灯重新照亮繁华的商业街、宽阔的马路、忙碌的港口，仿佛失去的文明重回人间。这个夜晚，一亿三千万美国人用这样的方式为一个人送行，用这样的方式体会他的伟大，

① 吴定初，黄萍．天才发明家：爱迪生[M]．成都：巴蜀书社，2015：168.

用这样的方式纪念他为人类做出的贡献。美国总统胡佛流着眼泪念了下面这段悼词："全世界，全人类，承受着这位发明家的伟大遗产，永久蒙受恩惠。"

无论用多么华丽的辞藻，多么宏大的篇幅，也不能完全描述爱迪生精彩而卓越的一生。这个从米兰镇走出的其貌不扬的男孩，这个流浪在纽约街头的倔强青年，这个门罗公园里的魔术师，这个西奥兰治的发明大王，犹如普罗米修斯盗火一般将无数神奇而伟大的发明带到人间。他大脑中从不停歇的创新齿轮带动了整个人类文明的前进。尽管他已经离开我们 80 多年了，可他严谨、勤奋、敢于创新的精神依然犹如黑夜里的电灯，为迷途中的人照亮道路。世界将永远铭记他做出的卓越贡献，人类将永远铭记他的名字——托马斯·爱迪生！

（撰稿：郭华昌）

参考文献

罗宏曾，耿志远. 向命运挑战：科学家的攀登脚印 [M]. 天津：天津人民出版社，1994.

梁实秋. 名人伟人传记全集 26：爱迪生 [M]. 雪樱，译. 香港：名人出版社，1982.

墨非. 国学中的修身之道 [M]. 北京：中国华侨出版社，2016.

聂影. 混凝土艺术 [M]. 北京：中国建材工业出版社. 2015.

拾月. 爱迪生：光明使者的精彩人生 [M]. 长春：吉林出版集团有限公司，2016.

吴定初，黄萍. 天才发明家：爱迪生 [M]. 成都：巴蜀书社，2015.

贝 尔

当北大西洋暖流从美洲带来的温暖空气滋润英伦三岛的时候，苏格兰首府爱丁堡在阳光沐浴下欣欣向荣。在爱丁堡市中心，夏洛特街 16 号的墙上刻着简单的几行字：亚历山大·格雷厄姆·贝尔，电话发明者，于 1847 年 3 月 3 日生于此。来自世界各地的游客在此驻足参观时，并不关心墙内的办公室如今是哪个单位在此办公，只知道从这里走出的科学家贝尔，用电话线将声音的温暖传遍了世界，滋养了工业文明，使人类跨出了便捷沟通的一大步。每年 8 月，爱丁堡都会举办一年一度的爱丁堡国际艺术节，这里都会成为举世瞩目的焦点，各路观光游客纷纷慕名而来。节日期间，游客人数达到顶峰，空气中处处弥漫着艺术的气息，整座城市都是艺术家们表演的舞台。而当人们通过电话预订宾馆、订购机票、查询公共服务信息或者预约导游的时候，很少会有人去思考这种让我们可以与遥远他乡的人直接交流的工具是多么了不起的发明。正是这位生于斯长于斯的苏格兰骄子，用电话打破了声音在传播距离上的限制，让不同地区的人们即使不面对面也能进行语音交流。如今，贝尔曾描绘的那个用电话联结的世界已经成为每个人都能感受的现实，当我们再想起贝尔那句“我相信在未来，电线将把不同城市中的电话总局联系在一起，某个美国人可以同万里之遥的他乡人直接用嘴巴通话”[①]之时，不禁为之感到欣慰。

沿着皇家英里大道走到尽头便是苏格兰的象征——爱丁堡城堡。从爱丁堡城堡俯瞰全城，新旧建筑鳞次栉比，斑驳的光影轻抚着残损的楼墙，这座山城仿佛在诉说它遥远的过去和璀璨的历史。100多年前在这片土地上奔跑嬉戏的少年贝尔，也曾经站在山头注视着这座宏伟圣洁的城市，他在想些什么呢？是如何把包里的小动物驯服，还是怎样借助风一飞冲天？是如何让在伦敦的爷爷听到他的呼喊，还是怎样让母亲不用听管也能听到他的钢琴声？这一切，我们不得而知。当历史将它深邃的目光投向贝尔时，爱丁堡这座充满荣耀与辉煌的城市，注定因此而更加伟大。贝尔的童年和少年时期几乎都在爱丁堡度过，正是在这里培养起来的对事物敏锐观察和认真分析的习惯，让他逐渐爱上科学，最终走上了科研之路。在爱丁堡所受的教育则是贝尔一生受用的财富。如今，爱丁堡大学这座闻名世界的苏格兰名校安静地坐落在乔治广场附近。翻阅它的校史，亚历山大·格雷厄姆·贝尔的名字作为名人校友荣载其中，1862年贝尔从爱丁堡皇家高等学校毕业后曾在此听过语音学的课。正如爱丁堡大学的校训所言：智者能看到表象，也能发现内涵。年轻的贝尔从语音学中汲取的营养让他对声音的表象和内涵有了更深的理解，这对他后来的聋哑教育和电话研究都有着不可抹杀的影响。

“我知道命运掌握在我自己的手中，我知道巨大的成功马上就要到来。”[②]贝尔曾自信地向全世界宣告。1878年，此时距贝尔离开英国定居美国已过去8年了，当他再次返回英国时，应皇室之邀，在英国皇室行宫所在地怀特岛为女王演示了电话的操作，此时的他已经牢牢地掌握了

---

① 阎康年. 贝尔实验室：现代高科技的摇篮[M]. 保定：河北大学出版社，1999：66.

② 严加丰. 科技的世界[M]. 合肥：黄山书社，2010：41.

自己的命运，正在等待巨大的成功。除了得到皇室认可，在离开故国之前，贝尔还被牛津大学邀请去做了4天演讲，并被授予名誉博士学位。从爱丁堡到伦敦，一路向南，大不列颠岛见证了贝尔的求学之路，也书写了他的荣耀之途。在英伦这片工业文明的沃土上，孕育了作为科学家的贝尔，正如他自己所言，“创新有时需要离开常走的大道，潜入森林，你就肯定会发现前所未见的东西”[①]。尽管关于电话发明者的官方认定还存在争议，但这并不能消除这位在科学创新领域中潜心钻研的科研巨子的伟大。他所发明的电话，不仅成就了他自己，更铸就了人类交流史上前所未有的辉煌。电话不仅拉近了人与人之间的距离，还为工业文明打破了交流在距离上的束缚，使工业化更加迅速地席卷全球。随着贝尔发明的电话不断普及，全球逐渐联结成一个语音信息沟通的整体，人们不再因为高山大洋的阻隔而衡阳雁断、鱼沉雁渺。在人类文明史上，贝尔用他的成就为全人类的进步做出了卓越的贡献！

贝尔已经远去，爱丁堡也只留下了这几行浅浅的文字，但岁月冲刷不去文明的印记，当我们从这里回眸历史，透过曾经的辉煌，贝尔正向我们走来。

语音世家

1847年3月3日，亚历山大·格雷厄姆·贝尔在英国苏格兰的爱丁堡出生。其祖父亚历山大·贝尔和父亲亚历山大·梅尔维尔·贝尔都从事跟声音有关的工作。亚历山大·贝尔早年在苏格兰干过鞋匠、演员，在社会底层摸爬滚打的他对语言和声音具有浓厚的兴趣，并对天生语言能力有缺陷的人产生了极大的同情，后来他在伦敦成为一位语言缺陷矫正专家，是贝尔家族研究语言和发声的第一人。对于贝尔来说，祖

---

① 朗加明. 创新的奥秘[M]. 北京：中国青年出版社，1993：265.

贝尔故居（苏格兰爱丁堡）

父的影响是巨大的。祖父不仅开创了家族对于语音研究的历史，更在贝尔成长过程中发挥着无法代替的作用，这种影响如泉水般滋润着贝尔的一生。1862年，贝尔的祖母去世，祖父独居伦敦，贝尔被父亲送到伦敦和祖父一起生活。正是在伦敦和祖父一起生活的这段时间，将那个懵懂无知、粗心大意的顽童变成了孜孜向学的青年。在伦敦，因为缺少玩伴，年少的贝尔过得比较孤独，但祖父对其学习的要求却让他正好有机会来弥补之前教育的不足。祖父要求贝尔合理安排自己的时间，让他接触莎士比亚的戏剧并成段背诵其中的独白，让他自由进出自己的图书馆，还允许他坐在教室听自己对学生的纠错指导，这使得贝尔不仅有机会接触很多关于语音研究的书籍，也亲身体验了语音教学的现实特点。除了书本的知识外，祖父还常常让贝尔头戴礼帽，身穿正装，手持手杖，戴着羊羔皮手套，打扮成一个地地道道的伦敦绅士。都市生活虽然不如在爱丁堡那般无拘无束，但是种种规范却让贝尔明白了独立和严肃的重要性。正如他自己所言，在伦敦和祖父生活的这段时间是他“一生的转折点”，让他从懵懂少年变成了一个独立的“成人”。

贝尔的父亲亚历山大·梅尔维尔·贝尔当过贝尔祖父亚历山大·贝尔的助手，后来在爱丁堡与伊莱扎·格蕾丝·西蒙兹结婚，随后继承了贝尔祖父的事业。亚历山大·梅尔维尔·贝尔和伊莱扎一共生了3个儿子：梅尔维尔、亚历山大（即贝尔）和爱德华。与贝尔的祖父一样，贝尔的父亲梅尔维尔·贝尔在语音教授方面也做出了自己的一番成就，后来成为爱丁堡大学的讲师，教授辩论术和演讲，还和兄弟戴维一起出版了一本畅销几十年的演讲教科书——《标准演说家》。然而，在语音教学方面，他最卓越的贡献是对可视语言的研究和推广。可视语言，即一种普遍适用的字母，它将人类所能够发出的声音用一系列符号表示，学习者根据唇、舌和其他发音器官的位置，通过解读这些符号，就可以读出任何一种语言的声音。贝尔从小就在可视语言方面表现出了极大的兴趣和天赋。在3个兄弟中，他对此掌握得最好，因此父亲经常让他作为自己的助手给大家演示可视语言。这种天赋，成了贝尔后来走上教学和科研之路的第一块敲门砖。1863年8月，哥哥梅尔维尔成为父亲的助手，而16岁的贝尔开始在苏格兰埃尔金的韦斯顿寄宿学校教书，负责教音乐和演讲术，并在教书期间去爱丁堡大学进修过1年的希腊语和拉丁语。1866年9月，19岁的贝尔开始在巴斯担任萨默塞特郡学院的教师。两年后，当贝尔再次回到埃尔金时，他的祖父已经去世，家人移居伦敦，而哥哥梅尔维尔已在爱丁堡接任了父亲的岗位，继续从事可视语言的相关研究。1868年，父亲梅尔维尔·贝尔在美国进行了一系列有关可视语言的讲座，并获得了成功，成为国际知名语音研究专家，赢得了巨大的国际声誉。父亲的成就一直激励着贝尔前进，通过在巴斯和伦敦的学习、实验，青年贝尔在语音教习上逐渐走上了家族的研究之路。

祖父和父亲带给贝尔的更多是语音知识的积累和科学的启蒙，而母亲教给他的却是关于声音交流更加直观深入的理解。母亲伊莱扎因为听力严重受损，通常需要通过听管与人交流。与两个兄弟不同的是，贝尔从来不通过大喊大叫与母亲交流，往往是用嘴唇贴近母亲额头低声说话或者通过母亲教给他的手语字母进行沟通。温柔善良的母亲对于贝尔音乐素养的培养也十分重视，曾聘请爱丁堡最好的钢琴教师教授贝尔。贝尔回忆起这些时无比感激，认为这种爱好的培养为他以后从事声音的研究打下了很好的基础。1870 年，当肺结核在英伦三岛肆虐之时，贝尔家也未能逃脱病魔的侵袭，弟弟爱德华和哥哥梅尔维尔先后去世，这给原本幸福美满的家庭带来了巨大打击。为了不让最后一个儿子遭受病魔袭扰，父亲梅尔维尔·贝尔决定离开潮湿的英格兰，举家搬迁到美国。对故土难舍难分的贝尔虽然不愿意，但是到达美国不久之后他就适应了新的环境，原本病弱的他也逐渐变得强健起来了。

醉心科研

正如爱因斯坦所说："兴趣是最好的老师，它可激发人的创造热情、好奇心和求知欲。由百折不挠的信念所支持的人的意志比那些似乎是无敌的物质力量有更强大的威力。"[①] 贝尔虽然从小功课不好，但业余爱好却不少，收集植物、保存小动物标本、搞各种小工具等，无不显示出他对生活的好奇和细心的观察，流露出一个科学家的天性。贝尔回忆起这些经历时，认为恰恰是当初这些爱好给他后来的科学研究打下了基础。他认为这些爱好是他所受教育的重要组成部分，引发了他对科学探索的兴趣。早在 14 岁左右的时候，在同学父亲的面粉房里，贝尔就完成了他的第一件发明：用带刷子的轮翼给小麦脱壳。这个小发明大大提高了面粉房的工作效率，并沿用了很久。贝尔晚年时回忆起这件事依然十分自豪："整个经历以及后来极为相似的发明过程，自从在面粉厂上演之后就一直延续下来了。"[②]1865 年开始，贝尔正式在埃尔金开始有关声音的研究。带着对声音的极高天赋和家族的语音教习传统，贝尔在语音研

---

① 拾月. 爱因斯坦：科学巨人的人生启示 [M]. 长春：吉林出版集团有限责任公司，2016：123.

② 赵晓玲. 贝尔 [M]. 北京：中国少年儿童出版社，2007：27.

故居正门

究上像一个不知疲惫的孩子，不断进行新的探索。他曾给父亲寄回一封数十页的有关元音研究的信，父亲细读之后十分自豪，并将信拿给伦敦的著名语言学家亚历山大·埃利斯，后来还安排了两人的会面。

与埃利斯的这次会面，让贝尔第一次产生了对坚持走科研道路的怀疑和失望。埃利斯告诉贝尔，德国多面手科学家赫尔曼·亥姆霍兹在元音研究方面，早在1863年就得出了与他相同的结论。在得知自己的研究成果并不具有新颖性时，贝尔感到十分失望。同时，他也意识到自己作为一个青年研究者，一直以来只知道埋头做研究的方法并不明智，对科学研究实时动态并不了解。用英国科学家戴维的那句“我的那些最重要的发现都是受到失败的启发而获得的”[①]来形容此时的贝尔再恰当不过了。除了短暂的怀疑，贝尔也感到了一丝惊喜，因为自己仅靠一支铅笔来敲打发音器官进行的研究，竟然和大科学家亥姆霍兹借助电池产生电磁，使音叉不停地发出颤音来进行研究所得出的结论是一样的。贝尔

① 《文汇读书周报》编辑部. 现代人读书知识大观 [M]. 杭州：浙江人民出版社，1992：222.

从失败中重新振作起来，并以更大的热情投入用音叉和电磁学进行的语音实验中。1871 年贝尔开始在波士顿聋哑人学校供职，讲授声波是如何在空气中传播的，并引用亥姆霍兹的理论来进行解释论证，作为一个专职研究者继续在科研道路上行进着。这份新职业让贝尔有了更多机会接触科学界人士和各种科学书籍。从此，贝尔一直活跃在波士顿的聋哑教学领域。尽管父亲的名字早已为人熟知，但真正让贝尔在同行中脱颖而出的是他对语音知识的掌握和卓越的教学能力。1872 年，贝尔正式定居波士顿，1 年后被波士顿大学聘为发音生理学和演讲术教授。26 岁的贝尔带着家族的光荣传统和一身语音学本领，开始了在大学研究语音的科研生涯。1874 年，当贝尔在麻省理工学院第一次当着 400 多名听众做有关可视语言的演讲时，心中的激动之情难以言表，在给父母的信里他写道：“这次演讲让我一下子在波士顿有了新的立足点，它让我接触到城里的科学界人士。”从把科研当作兴趣到把科研当作工作，是贝尔从少年走向成熟的标志，而此时他已经把科研当作一份崇高且值得为之奋斗终生的事业。从工作到事业，是贝尔从科研爱好者走向科学家的重要转变。

发声和语音信息传播一直是贝尔的研究重点，在波士顿公共图书馆，他接触了很多关于电学的书籍，最初搞电气试验是为了研究发声的规律，仅仅作为一种“业余爱好”。早在英格兰时，贝尔就设想过根据声音的频率（即声源的振动快慢）决定音调高低的原理，利用不同的振动所传出来的不同高低的音调可以同时传递不同信息，但一直没有条件进行实验。1872 年，贝尔从一家报纸上获悉西联公司奖励给一套发明系统的发明者巨额奖金，而这套系统可以用同一条电报线同时发送两条电报，这让贝尔意识到自己的那些想法可能极具商业价值。也正是这一年，贝尔在马萨诸塞州北安普顿市的克拉克聋哑学校授课时，结识了该校校长加德纳·格林·哈伯德和塞伦市的皮革富商托马斯·桑德尔，并与他们结下了良好的关系。哈伯德的女儿梅布尔和桑德尔的儿子乔治都是聋哑人，后来他们对贝尔产生了重大影响。在波士顿的一场演讲中，贝尔还结识了一位研究耳朵的专家克拉伦斯·J. 布莱克。在后来对于人耳的构造认识研究上，布莱克给了贝尔很大的帮助。1874 年，贝尔前往加拿大度假，随身携带着用来研究多路电报的设备，以及根据布莱克供的耳朵设计的实验仪器。贝尔并没有沉醉于格兰德河畔的景色，而是静坐沉思，整理自己的研究思路。后来贝尔回忆时说，那段时间一个思路接着另一个思路，大量的想法在头脑中汇总、分析，最后概括出结论。

电话之父

可以说,电话的发明纯属偶然。贝尔一直在致力于多路电报的研究，从单路电报到多路电报，这带来的将会是多么大的经济效益啊！当然他并不知道，和他同时在研究多路电报的还有很多人，比如西联公司的霍利·格雷尔和后来闻名世界的托马斯·爱迪生。虽然贝尔有此设想，却无力进行更深一步的研究，因为他在大学任教的收入根本无法负担这些研究费用。得知贝尔的这个想法后，哈伯德和桑德尔慷慨相助，表示愿意提供资金支持，但要求如果这项研究以后带来什么经济利益的话，各享三分之一。这项发端于电报的研究，让贝尔有了更进一步了解声音信息传播规律的机会。正如贝尔所说，伟大的发明和发现源于对微小事物的观察，不管是对人耳结构的了解还是对声音传播规律的探究，在实验过程中，这些知识都帮助贝尔对于研究振动和声波的关系产生了进一步的想法。他设想物体的振动产生声波的过程是这样的：当膜片振动向外扩张时，挤压周围的空气，收缩时，周围的空气立刻充满物体原来的空间。在此设想下，他得出结论，声波在空气中传播的过程是一系列的空气压缩和膨胀的过程。根据他做的电学实验，他认为从理论上来说电磁发电能够产生一种电流，只要能用一块合适的经过磁化的钢，让它在电磁铁的一极摇摆，就能产生这种电流，而用电流传递声音，只要让电流强度的变化与原来声音在空气中引起的空气密度变化一致就可以了。然而设想终究只是设想，没有实践只能是空中楼阁。

介绍贝尔的石牌

贝尔是一位天才科学家，在理论和逻辑方面的才能都超出常人，但他并不是一位能工巧匠，如何根据自己的设想进行实际的操作实验，以及如何制备相关实验设备，是一个令贝尔十分头疼的问题。当设想和资金都具备了，贝尔就差一个得力的实验助手时，托马斯·沃森出现了，当时沃森还是查理·威廉斯电器公司的技师。后来沃森回忆起第一次和贝尔的见面时的场景时说，这个身体瘦长、动作敏捷、长着络腮胡子的波士顿年轻教授给他留下了深刻的印象，因为贝尔在嘈杂的厂房里径直向沃森抱怨那两件由沃森制作的实验器材并不是按照他的要求设计的。在后来的日子中，贝尔和沃森友谊逐渐加深，配合得越来越好，这段经历在两人彼此的人生中都产生了重要的影响。在多路电报的研发过程中，贝尔一直没有放弃那个关于电流传声的想法。在一次实验失败后，贝尔用疲惫但带着兴奋的语气告诉沃森他的电流传声想法，多年以后沃森回想起来这段话还是会精神为之一振。然而两位投资者对这个想法并不感兴趣，他们只希望能尽快做出多路电报的发明，并催促贝尔去华盛顿申请此项专利。起先贝尔并不愿意去，然而正是这趟华盛顿之旅，让贝尔坚定了自己对于“电话”的想法，因为在这里他遇见了一个对他产生极大激励的人——约瑟夫·亨利。76岁的亨利是美国史密森学会的秘书，也是美国科学院院长，是当时鼎鼎大名的物理学家（电感单位亨利即是以他名字命名的）。1873年，在那个寒风刺骨的3月，踌躇满志的贝尔忐忑不安地走进了亨利的办公室。踌躇满志的是多路电报的研究已经可以准备申请专利了，忐忑不安的是贝尔不知道是否该将自己一直以来的发现和犹豫告诉这位大科学家。在听完关于多路电报的汇报后，亨利并不感兴趣；但是当贝尔提到那个有趣的电学现象——用铜线圈通上电能听到嚓嚓声时，亨利听得很认真，后来还特意让贝尔重复了这个实验。1875 年 3 月 2 日，贝尔和亨利一起做了这个实验,两个人都听到了电流通过线圈时装置发出的声音。对于贝尔来说，此时的兴奋和激动丝毫不亚于自己第一次听到这个声音，因为这位大科学家和他怀着共同的兴趣做了这个实验。而当贝尔提起自己想用电报线传递人声的计划时，亨利富有激励性的回答给了贝尔极大的鼓舞。他直截了当地告诉贝尔："你很有搞发明的天分，努力干吧，如果缺乏电学知识,那就去掌握它。"[①] 正是这次会面,让贝尔坚定了自己的研究方向，全身心投入自己喜欢的研究中去。几年后贝尔说，如果当初没有遇上亨利，他也许根本发明不了电话。是啊，毕竟在当时，对于大多数人来说，这种用电报线传递人声的想法无异于痴人说梦。然而每一次科学的巨大进步都是对现有认知的改变和颠覆，而那些伟大的科学家的伟大之处恰恰就是能在质疑中坚持自己对真理的追求。

1875 年感恩节，贝尔与梅布尔正式订婚。1876 年 2 月 14 日，在贝尔不知情的情况下，已成为他准岳父的投资人哈伯德替他在专利局申请了电话的发明专利。后来的事实证明，这次申请非常及时，它不仅为贝尔赢得了该有的荣誉，也在科技史上留下了浓墨重彩的一笔。因为就在当天下午，芝加哥的一位科研者伊莱沙・格雷在当地专利局做了一项预告登记，声称自己在利用电流进行电话研究。虽然格雷的登记当中包含了申请专利的要素，但是他并没有进行申请。现在看来，如果当时格雷抢先进行专利申请，那贝尔的申请将会石沉大海，一切努力和汗水也都将是一场空，电话发明的历史也将因此而改写。然而历史就是历史，从来不以个人意志为转移，既没有因为贝尔的不知情而改变，也没有因为格雷的预告登记而反转。有趣的是，贝尔电话专利申请核准生效日是 1876 年 3 月 3 日，那天正是他 29 岁的生日，这项专利号为 174465 的

---

① 内奥米，帕萨科夫. 贝尔：志在沟通 [M]. 姜竹青，柳绪燕，译. 天津：百花文艺出版社，2001：34.

发明后来成为商业史上最赚钱的发明之一。尽管贝尔在专利申请上抢得了先机，但真正完成电话传声的实验却是在 1876 年 3 月 10 日。当时贝尔和沃森正在操作实验设备，两人分别在不同的房间，彼此通过电线相连。当沃森在电话这头听到贝尔的那句“沃森先生，快来啊，我需要你”的时候，他激动地跑下楼去，告诉了在电话那头的贝尔。贝尔兴奋不已，立马飞奔到电话另一端去听沃森说话的声音。这是一次历史性的发声，从操作上宣告了电话交流的实际可行，从此彻底地改变了人类的生活。在之后的两个月中，他们又做了大量的实验和探索，并向美国艺术和科学院、麻省理工学院艺术和科学协会两个科学团体宣告了他们的发明。尽管这项发明给科学家留下了深刻印象，但是，要想取得更大的关注，还远远不够。

1876 年 6 月，为了迎接美国独立百年大庆，美国联邦政府决定在费城举办一次世界博览会。当时不少参会的国家和地区都有自己的展厅，而哈伯德正是马萨诸塞州送展委员会的成员。当这位准岳父邀请贝尔参加博览会的时候，贝尔觉得自己的电话还没有成型，并不愿意拿出来展览，但是在未婚妻梅布尔的劝说下，他还是勉强答应了。6 月 25 日，当参加展览的评议团成员感到酷热难耐，准备结束这一天的电器展览评判时，一周前与贝尔在展览会上有过交谈的英国科学家威廉·汤普森爵士注意到了贝尔的这个在角落的展台，便招呼同行的人到这个展台边看一看。贝尔首先简单给大家介绍了电话的工作原理，然后就开始了现场展示。当评议团成员从小小传声器中听到另一端传出了贝尔背诵莎士比亚戏剧的声音时，无不感到惊讶。后来威廉·汤普森爵士在展览会组委会颁给贝尔的奖项评语中写道：“这项发明非同凡响，在科学史上具有重大意义！”在费城博览会上的成功，终于让贝尔和他的发明一举成名，从此轰动世界。之后的一年，贝尔不断通过实验扩大通话距离。在这一过程中，因为财务困难，哈伯德还差点以 10 万美元的价格把电话专利转卖给西联公司。但是当时西联公司认为这个发明不过是个玩具而已，拒绝购买。西联公司的拒绝对贝尔来说是件好事，因为在两年后这项专利就已经可以卖到2500万美元了。1877年，贝尔与梅布尔完婚，也是这一年，他成立了自己的电话公司。贝尔电话公司成立时用户还不到30个，一年后，仅在纽约的用户就达到了数千。1910年，贝尔电话公司的用户已变成了1000万。贝尔发明的电话，逐渐地在人们的日常生活中扎根，成了人类沟通必不可少的便捷工具。

电话之外

贝尔是一个十足的科学痴迷者，把科学当作生活的最高目标。在常人看来，似乎他只有发明电话这一项科学成就，毕竟这一发明的光芒太过耀眼，遮盖了他的其他科学活动。然而，当我们除去发明电话这顶荣誉之冠，重新走近贝尔，会发现他依然是一位优秀的科学家，在世界科研史上留名是当之无愧的。电话给他带来了巨大的财富，不过他把大部分通过电话赚的钱用到了自己以及别人的科学研究中。贝尔对科学有着赤子般的热爱，但兴趣广泛并不代表能在各个领域都有卓越成就。由于相关领域知识的缺乏，有时贝尔甚至会闹一些科学笑话，比如他曾认为重力根本不存在。从航空探索、绵羊杂交，到水翼船的设计、海水的淡化等，对于科学的爱好使他在多个领域都曾倾注心力，但兴趣广泛也让他无法专心在一个点上细钻深研，常常一个领域还没弄明白又转向另一个领域。

光电话是让贝尔觉得非常自豪的一项发明。1916年在波士顿大学的理事会会议上，当有人问他什么是他最为自豪的发明时，贝尔认真地告诉在场的各位理事会成员和教师：光电话。他解释道，“是用光线取代原来的电话线”,甚至还说出了“光电话是无线电话”的“天方夜谭”。当时的异想天开对如今的光纤技术发展有着重要的启示，当然，在当时，这不过是一种大胆的设想，甚至在很多人看来，这是一场“疯狂的臆想”。这一切起始于1878年。当时，贝尔和妻子去英格兰度假，得知当地的一些科学家发现非金属元素硒的导电能力随光的照射强度变化而改变，于是对此产生了浓厚的兴趣。同年5月，他在对英国皇家研究院的讲话中称，如果把硒元素植入电话的电池中，再用光线照射，就可以改变它的导电能力，从而改变电流强度，就可以听到声音了。然而之后贝尔并没有充足的时间和精力来进行这项设想的具体研究，因为他不得不参与那些躲不掉的“电话专利归属权”官司（贝尔一生参与过600多起这样的官司）。但是贝尔并没有放弃这个有趣的想法，回国后就雇用了查尔斯·萨姆纳·泰纳特做他的助手，帮助他完成相关实验。1880年，当贝尔在距离泰纳特213米的实验室听到这位助手的“光电话”时，他欣喜又淡定地出现在实验室的窗口向泰纳特挥了挥手。

提起飞行器，大家脑海中首先跳出的大都是莱特兄弟的名字。但是亚历山大·格雷厄姆·贝尔也在探索航空奥秘的史册中占有一席之地。或许是儿时对天空的好奇，或许是后来对“一飞冲天”的向往，贝尔在飞行器的设想和设计上有着执着的坚持。他的脑海里总是有很多奇奇怪怪的想法，以至于他的妻子不断抱怨他对飞行器的痴迷。贝尔在美国科学院听到天文学家和物理学家萨姆尔·兰利关于飞行器的演讲，更加深了他对这种设想可行性的信心。后来二人成为挚友，贝尔给了兰利物质和精神上的很大支持，让他得以继续他的不载人飞行器研究。1896年，兰利制成了第一架无人驾驶的飞行器，特意邀请贝尔去见证这架蒸汽推动、螺旋桨驱动的飞行器的首次试飞。贝尔后来回忆这个场景时，说这让他“更加确信使用飞行器的时代即将到来”。1907年，贝尔投资的航空试验协会正式成立。这个协会根据贝尔的设想进行工作，由贝尔提供经费支持，独立地进行航空试验。航空试验协会在短暂存在的两年中，取得了很多成功。例如，1908年3月12日，塞尔甫利在纽约州六卡湖驾驶自己设计的第一架非四面体飞行器“红翼号”首次公开试航成功；1908年，鲍德温的北美地区第一架使用副翼的“白翼号”飞行器成功问世；1908年7月4日，柯蒂斯的“六月甲虫号”飞行距离突破1千米；1909年，麦可迪的“银镖号”成功飞越戴克湾。协会解散后，贝尔夫妇继续鼓励和资助麦可迪和鲍德温进行他们的研究，并成立了加拿大航

工作中的贝尔

空公司。当莱特兄弟成功发明飞机的消息传来时，贝尔感到竞争压力的同时不仅不嫉妒，反而发表讲话推崇他们的研究，认为“由于有了莱特兄弟，人类飞行不再是梦想”[①]，同时也借助自己史密森学会董事会会员的身份，促成资助航空方面研究的“兰利奖章”的设立。尽管在航空研究领域，大家对贝尔少有提及，但是贝尔并不在意这些虚名。对于他来说，能够一直坚持自己的设想并为之乐此不疲地进行研究，就是一种幸福。

除了这些，贝尔设立的“伏打学会”还改进了留声机。在詹姆斯·加菲尔德总统遇刺时，为了找到子弹位置，贝尔发明了“探针”，其原理启示了后人，对X光机的研发产生了推动作用。贝尔还意识到化石能源的不可再生性，认为人类将很快面临燃料短缺问题，因此他建议用另外一种洁净、有效、可再生的燃烧能源——酒精。现在看来，这种超前的想法令人不得不称赞，毕竟直到今天，这项建议才被付诸实践。除了电话，还有一个跟声音有关的发明不得不提到他——听力计。当时，贝尔发现儿童的听力测试是一个很麻烦的问题，他们听力减弱时，几乎无人能察觉到。后来，他利用调节两个线圈间隔的办法，制出了能发不同

① 内奥米，帕萨科夫．贝尔：志在沟通[M]．姜竹青，柳绪燕，译．天津：百花文艺出版社，2001：137.

强度声音的仪器，在经过广泛测评后获得一致好评。现在的声音强度的单位“分贝”（即贝尔的十分之一，是在声音和通信电路中常用的单位），即是为了纪念贝尔这一发明的。除了这些，贝尔的科学研究还涉及很多方面，如摄影、摄像、大风筝、太阳能、饮用水转换等，贝尔的天才式思维总能在科学的世界里擦出火花。并且，他除了勇于尝试，敢于创新，还乐于帮助那些和他一样对科学有着执着追求的研究者。1920 年，贝尔最后一次回到苏格兰，爱丁堡大学特意放了学生半天假来欢迎这位伟大的校友。尽管此时贝尔已经疾病缠身，然而对于科学的追求并没有停止，他在演讲中依然是那个充满斗志的科研斗士。耄耋老者，心如赤子；老骥伏枥，志在千里。贝尔曾在给梅布尔的信中说到，如果他能够多活几年，就能把更多的设想付诸实践。在电话问世后的半个世纪里，贝尔用他的思想力和行动力，在多个领域取得了重大成就，不仅证明了他的价值，也向世人证明了他不是一个只发明电话就创新思维枯竭的科学家，他依然在工作，在思考，在科研的道路上永不停歇。

聋哑之光

“多少个世纪过去了，一代代的聋哑儿童忍受了多少孤独呢？”① 这是贝尔在 1887 年的一次演讲中向公众的高声疾呼。他一直坚信聋哑人和听力正常的人是平等的，不应该被隔离开，他们同处一个世界就应该共享一片天空，一起工作，一起娱乐。贝尔的这种观点跟从小的生活经历密切相关，他妈妈伊莱扎儿时因为猩红热被夺去了听力，贝尔从小与母亲沟通时从没有把她当作一个“非正常人”来对待，而家族对于可视语言的研究也正是在致力于和聋哑人之间更高效的交流。而贝尔的妻子

① 内奥米，帕萨科夫．贝尔：志在沟通 [M]．姜竹青，柳绪燕，译．天津：百花文艺出版社，2001：105.

梅布尔，也和伊莱扎一样，儿时就丧失了听力。贝尔一生中最重要的两位女性都是听力缺陷者，这对他的人生产生了重大的影响，而家族的语音研究传统也奠定了他对聋哑人沟通正常化研究的知识基础。每当有人问起贝尔的职业是什么的时候，他总是会回答“聋儿教师”。从青年到暮年，贝尔对于聋哑教育事业一直孜孜不倦，不遗余力地散发自己的光和热。他认为自己毕生的工作是教聋儿讲话。贝尔不仅自己在聋哑教育和相关研究上取得了卓越的成就，还一生致力于维护聋哑人的权益，为聋哑教育总共奉献了超过 50 万美元。

早在1871年4月5日，贝尔就开始在波士顿聋哑人学校供职。1878年，贝尔在苏格兰诺林诺克的一家聋儿学校工作过，对学校的教学模式深有感触。后来回到美国，他一直想在华盛顿特区创办一所类似的学校，让更多聋哑孩子接受“更正常”的教育和对待。然而之后的贝尔一直被电话官司缠身，直到 1883 年，他才终于抽身出来，在华盛顿创办了贝尔小学，当时仅有 1 间教室、6 名聋哑学生。同年，他向美国国家科学院提交论文指出，聋哑人父母生下聋哑孩子的概率远远大于正常人。根据他的论文，另一位研究者在 1895 年得出了相同的结论。有的学者认为这两篇论文和相关研究是美国 19 世纪人类遗传学研究的最重要成果。在贝尔小学里，贝尔将听力正常和听力缺损的孩童放到一起，让他们共同玩耍，一起做手工，他用可视语言逐渐教会孩子们生活交流的技巧。除此之外，贝尔还亲自给聋哑孩子家长上课，让孩子们在家里也能像在学校一样接受教育，正常地生活、玩耍。然而这所学校不到两年就因为贝尔不断卷入的“政府诉讼案”而被迫关闭，当时的贝尔陷入了对自己热爱事业的深深自责和愧疚中，他对妻子说自己的生命之舟“搁浅”了。

然而挫折并没有消磨他对聋哑教育事业的热忱和信心，一个人在所挚爱事业的森林中，因为有理想和信念的坚持，永远也不会迷失自我。贝尔十分反对单纯用手语教学，因为他认为一旦聋哑儿童学会用手语，就会削弱学习讲话的决心，而且只教聋哑儿童学习手语，不但是一种对他们学习权利的剥夺，也是一种歧视。他坚信聋哑儿童学会唇读法和

海伦·凯勒与贝尔

自主讲话很重要，这不仅能让他们像一个正常人一样生活，更能增加他们对生活的信心。1887 年，当亚瑟·H. 凯勒上尉第一次把他 1 岁半的女儿海伦·凯勒带到贝尔面前时，贝尔对这个小女孩深表同情和喜爱，他向凯勒夫妇推荐了那个后来点亮海伦·凯勒一生之光的年轻教师——安妮·沙利文。海伦·凯勒后来一直和贝尔保持着良好的联系，他们都很看重这份珍贵的关系。海伦·凯勒在后来的自传散文《我生活的故事》中专门为贝尔写了一章，叫作“铭刻在记忆中的贝尔博士”[①]，里面详细提到了她与贝尔的第一次见面场景，认为是他将自己带进了光明的门槛。在 1902 年的自传题词中，海伦·凯勒写到“献给亚历山大·格雷厄姆·贝尔。感谢他教会聋哑人讲话，并且让他们的声音从东海岸响彻西海岸的落基山脉”。然而并不是所有人都赞成贝尔的这种聋哑教育方法，特别是与著名聋哑教育家爱德华·加拉德特的交恶给他带来了不少麻烦。加拉德特主张教聋哑人用手语进行交流，而且倡导用聋哑人教聋哑人，这正是贝尔极力反对的做法。1895 年，加拉德特被推举为美国聋哑人教育者联席会议的主席，并开除了贝尔的会员资格，这让贝尔在当时的聋哑教育界很受打击。直到 1990 年，二人才和解，但仍各自坚持自己的主张，这两种不同的意见一直影响着聋哑教育。

贝尔对于聋哑教育的投入从未止步，伏打实验室（1882 年，贝尔

① 凯勒．海伦·凯勒自传[M]．赵志卓，高文斐，译．北京：中国画报出版社，2015：196.

拿出他1880年从法国政府获得的伏打奖的部分奖金在华盛顿特区创办）于1886年改名为伏打研究所，旨在进行针对聋哑人的研究，而伏打研究所又于1893年并入美国促进聋哑人讲话教育联合会（1956年更名为亚历山大·格雷厄姆·贝尔联合会）。1918年，贝尔在芝加哥市开办了亚历山大·格雷厄姆·贝尔学校，专门致力于聋哑教育。除了这些实践和资金投入，贝尔对于聋哑教育最重要的贡献当数他对聋哑人平等权利的不懈追求，他曾自豪地说：“别人认同我在聋哑人教育方面的工作，这比别人认同我的电话发明更让我高兴。”让聋哑人正常地交流、生活，是他一生不懈的追求，他的理念也是聋哑教育的一道绚烂光芒！

贝尔故居外景

永远的科研遗产

正如臧克家那句“有的人死了，他还活着”，贝尔虽然已经离我们远去近1个世纪，但他所留下的珍贵的探索精神和科研遗产，依然在我们身边活跃着。1997年，时任中华人民共和国国家主席的江泽民出访美国时，专门到访了位于新泽西的朗讯公司，并为一家实验室留下了题词，它就是科学界赫赫有名的贝尔实验室。

贝尔实验室原名叫作贝尔电话实验室，正是以亚历山大·格雷厄姆·贝尔联姆·贝尔的名字命名的，美国电话电报公司于1925年宣告它的成立。贝尔实验室在成立的近100年里，共获得了两万五千多项专利，时至今日，平均每个工作日获得超过3项专利。贝尔实验室的使命是为客户创造、生产和提供富有创新性的技术，从这里走出的科学家一共获得8项诺贝尔奖（其中7项物理学奖、1项化学奖）。贝尔实验室继承了贝尔的科研精神，在信息时代为人类文明创下了众多骄人的硕果。贝尔那不懈的探索钻研之功、不畏困难的研究风格和为了人类通信事业敢于拼搏、勇于奉献的精神，都是贝尔实验室的宝贵财富，也是人类科研道路上汲取不尽的力量源泉。1888年，贝尔、哈伯德等33人在华盛顿特区成立国家地理协会，哈伯德任会长。哈伯德去世后，贝尔出任新会长。他们创办了自己的刊物，它就是现在全球负有盛名的、业界公认的“顶级”刊物——《国家地理杂志》。贝尔的初衷是“我们不想为了让它流行而降低杂志的品位，只想增加一些趣味让每一个人都愿意去读”。他为此而聘用的杂志副主编吉尔伯特·H. 格罗夫纳正是把《国家地理杂志》推向成功的关键人物。有趣的是,后来格罗夫纳与贝尔女儿埃尔西相恋，最后成为他的女婿。现在科研界最权威的杂志之一《科学》，也是出自贝尔之手。1883年，贝尔开始出版《科学》杂志，后来这本杂志被选入美国科学院。贝尔所留下的，除了这些，还有很多很多。

没有人去细数贝尔究竟为世界科研事业留下了多少价值难以估量的宝藏，但是有一点是可以肯定的，贝尔这个名字，绝不仅仅与电话相连。走近他，就会发现这位伟大的科学家一生都在为人类的科研事业而奋斗。1922年8月4日18时25分，随着贝尔遗体的下葬，整个美国的电话系统都停止工作1分钟以示悼念。生前荣誉加身，死后青史留名，贝尔当之无愧。然而，对于贝尔来说，一切荣誉，都不过是在科研森林寻求真理过程中掉落在地上的野果，只有发现规律、通过科学实验成功检验设想的那一刻，才是人生的价值高峰。在科学的世界里，他永远是膜拜真理的赤子；在人类文明发展的过程中，他一直是勇于奉献的巨人。在辉煌成就的背后，贝尔用他的沉思启迪着人类前行。拂去历史的轻尘，贝尔的名字依然安静地镌刻在爱丁堡街心，永久地散发着光芒。

（撰稿：李超）

参考文献

爱因斯坦. 爱因斯坦文集 [M]. 范岱年，赵中立，等译. 北京：商务印书馆，1979.

凯勒. 海伦·凯勒自传 [M]. 赵志卓，高文斐，译. 北京：中国画报出版社，2015.

刘二中. 电话之父——亚历山大·格雷厄姆·贝尔 [J]. 自然辩证法通讯，1985（4）.

朗加明. 创新的奥秘 [M]. 北京：中国青年出版社，1993.

内奥米，帕萨科夫. 贝尔：志在沟通 [M]. 姜竹青，柳绪燕，译. 天津：百花文艺出版社，2001.

拾月. 爱因斯坦：科学巨人的人生启示 [M]. 长春：吉林出版集团有限责任公司，2016.

王荣光. 亚历山大·格雷厄姆·贝尔——听力学家和语言治疗家 [J]. 国际耳鼻咽喉头颈外科杂志，1994.

阎康年. 贝尔实验室：现代高科技的摇篮 [M]. 保定：河北大学出版社，1999.

严加丰. 科技的世界 [M]. 合肥：黄山书社，2010.

赵晓玲. 贝尔 [M]. 北京：中国少年儿童出版社，2007.

巴甫洛夫

顺着奥卡河一路向下，有一座叫作梁赞的小城，掩映在一片绿色之中。这里坐落着俄罗斯历史的瑰宝——梁赞克里姆林宫，它是俄罗斯历史最为悠久的博物馆之一，收藏着诸多珍贵的文物。同时，梁赞也拥有数座不同风格的教堂。当你漫步在这座城市里，会发现在一处幽深的树林边有一座高高耸立的雕像。雕像是一位胡须茂盛的睿智老者，身旁有一只忠诚的小狗紧紧跟随。此处正是伊万·彼德罗维奇·巴甫洛夫纪念馆所在地。巴甫洛夫的雕像头颅高昂，目光如炬，精神昂扬，与他一生对科学不懈的探索精神相得益彰，处处突显着他的睿智。这位因为发现条件反射而举世闻名的俄国生理学家，便降生于这座梁赞小城，他的整个童年就是在这里度过的。虽然出身神学世家，但巴甫洛夫的父亲却并不固执保守，巴甫洛夫也得以在童年时期大量阅读各种进步书籍和科学杂志，这为他日后走上生理学研究埋下了火种。

今天，当你进入这座由巴甫洛夫故居改造的纪念馆，会发现巴甫洛夫的一生似乎和狗结下了不解之缘，大量和狗的合影、关于狗的实验记录材料随处可见。终其一生，巴甫洛夫一直把狗作

巴甫洛夫故居（俄罗斯梁赞）

为他科学研究的对象。在战争年代，他和他的助手们甚至不得不在街上寻找流浪狗，从而保证实验能够继续进行。当列宁委托高尔基拜访巴甫洛夫的时候，这位生活贫困的伟大科学家丝毫没有提及生活的困难，反而不断要求为实验提供充足的狗。正是这种忘我的执着和付出，使巴甫洛夫在神经学、生理学和条件反射学等领域取得了卓越成就，成为第一位获得诺贝尔奖的生理学家。而他和狗之间的逸闻趣事也成为后世人们津津乐道的话题。

巴甫洛夫的成功并非偶然的，在困境中他一直保持着对科学的执着，并将自己的一生奉献给了科学。而在那个条件艰苦、技术落后的年代，正是凭借着这种伟大的奉献精神，他才能够取得一个又一个卓越的成就。巴甫洛夫说："科学需要人的全部生命。"① 而他正是在这样的信念驱使下，为科学奉献了自己的一生，哪怕在临终之前，他也不忘让助手记录

① 萨织彤．中外名人治学故事[M]．太原：山西人民出版社，1980：188.

下自己对死亡的感觉，以为日后的科学研究提供宝贵的素材。

1936 年 2 月，在这位伟大的科学家辞世之际，整个圣彼得堡城内全部降半旗，所有的知情者都陷入悲痛之中，来哀悼这位原本自我期望能够活到 100 岁的伟大科学家。彼时苏联政府通过无线电向世界发布了这个沉痛的消息——苏联科学院和苏联全国人民都对这位世界著名科学家的去世表示沉痛的哀悼。

纵观巴甫洛夫的一生，他的发展并非一帆风顺。从梁赞小城走出，前往圣彼得堡大学求学的巴甫洛夫，凭借着不懈的努力，经过了漫长的研究，才终于在生理学领域获得了不凡的成就。当国外大量的研究机构纷纷向他发出邀请的时候，这位功成名就的伟大科学家却毫不犹豫地拒绝了，他始终坚守着一个信念 ：“我愿用我全部的生命从事科学研究，来贡献给生育我、栽培我的祖国和人民！”①

此刻，当我们翻开巴甫洛夫的故事，跟随着他的足迹，你便会发现——天才就是具有把注意力集中在所研究的那门学问上的能力的人。

出身神学世家

1849 年 9 月 26 日，巴甫洛夫出生于俄国小城梁赞。巴甫洛夫的父亲是一位乡村牧师，母亲是一位牧师的女儿，每周的礼拜是这个家庭的必备日常。按照预期，成年后的巴甫洛夫成为一名传教士或牧师或神学家，应当是他最现实的出路，而他的人生轨迹也正平稳地向着这个方向发展着。原本矢志成为一名传教士的巴甫洛夫一心希望用神的光辉来指引人们，为人们带去福音。于是他在 1860 年进入梁赞教会中学，1864 年进入梁赞教会神学院。在一切都似乎注定的时候，命运却似乎并不甘于让巴甫洛夫变得平庸，出身神学世家的巴甫洛夫从一开始就展现出了

---

① 段丽钢. 巴甫洛夫传 [M]. 长春：时代文艺出版社，2013：108.

一种与众不同的特质：他兴趣广泛，学习勤奋，同时善于发现和探究世界的真相，总是因为观点的不同和他人争论不休，争论的对象包括自己的同学、老师、朋友甚至是父母。

那时候的小城梁赞共有 36 座教堂，信奉宗教、将所有的未知推脱给上帝，是很多人一贯的做法，包括少年时的巴甫洛夫。他家楼上的小阁楼是巴甫洛夫的父亲藏书的地方，每到休息时候，巴甫洛夫便一头钻入阁楼之中，阅读各种书籍，其中包括赫尔岑、车尔尼雪夫斯基等人的作品。19 世纪后期，俄国虽然仍处于沙皇统治之下，但已是思想界和科学界跃跃欲试的时期，各种新思想不断涌现，大量的青年人开始接受进步思想，巴甫洛夫自然也不例外。

在神学院上学期间，颇不安分的巴甫洛夫总是和其他学生一样，每到周末便跑到公立图书馆去看免费书籍和报刊。那里是不属于神学院的领地，没有教会的繁文缛节，可以接触到很多新的知识。在这期间，巴甫洛夫偶然在书上读到了这样一段话："万能的自然科学在自己手中掌握着认识整个世界的钥匙。"① 这颠覆了神学观念中上帝创造自然万物的唯心主义观点，彼时很多神学院的学生都对这句话产生了强烈的兴趣。但当他们得知写下这段话的皮萨罗夫竟然因为忤逆教会而被关进了彼得保罗要塞时，很多学生便纷纷打消了继续探究的念头。盛行的神学严重影响着神学院的学生们，巴甫洛夫虽然不再继续打听，但是暗自留心，每次进入公立图书馆，就希望能够读到皮萨罗夫的文章。恰好，公立图书馆内的一份报刊正好分期刊载了他的作品，这份报纸被神学院的许多学生争抢阅读。

"科学是每个健康的人必不可少的粮食。"这是巴甫洛夫在公立图书馆的一本书中读到的名言。他牢牢地记住这句话，并且开始大量阅读与自然科学有关的书籍。在那个时候的巴甫洛夫看来，这样的观点太过离

---

① 段丽钢. 巴甫洛夫传 [M]. 长春：时代文艺出版社，2013：33.

巴甫洛夫雕像

经叛道。但这些全新、大胆的观点却为巴甫洛夫打开了通向另外一个世界的大门，自然科学的烙印已经开始植入他的大脑。人类自身的规律到底是什么，这样的疑问深深地困扰着巴甫洛夫。此后他又读到了谢切诺夫所写的《大脑的反射》一文，关于人类思维和灵魂的存在以及它们彼此之间的关系更进一步引发了巴甫洛夫的思考。谢切诺夫这位伟大的生理学先驱给巴甫洛夫留下了深刻的印象，也将一颗关于神经反射领域的研究种子埋进了巴甫洛夫的思想土壤。

神学院的学生公开组织了一场关于灵魂和人类思维规律的辩论，甚至一位大主教就在现场。按捺不住心中冲动的巴甫洛夫公然向主教询问“反射”一词的概念，并不断在公众面前发表着大量冲击神学传统的自然科学观念，引发了神学院强烈的不安。神学院决定开除这名学生，让巴甫洛夫的父亲将他带回去。好在巴甫洛夫的父亲并不死板，经过一番长谈，他确认了巴甫洛夫的兴趣和志向，做出了一个伟大的决定——送巴甫洛夫去圣彼得堡学习自然科学！

扬帆圣彼得堡

1870 年，21 岁的巴甫洛夫踏入了圣彼得堡大学的校门。此时年轻的门捷列夫正担任化学系的教授，元素周期律也正是在这一时期问世的；而被誉为“俄国生理学之父”的谢切诺夫则担任生理学教授。可是好景

故居内景

不长，谢切诺夫由于研究反射而被沙皇政府驱逐。后来，当谢切诺夫从驱逐地返回圣彼得堡时，首先拜访的就是他的学生巴甫洛夫，并给予巴甫洛夫“第一生理实验家”的赞誉。

在大学期间，巴甫洛夫艰苦勤奋，孜孜不倦地学习所有的功课，尤其对生理学表现出浓厚的兴趣。进入大学第二年，生理学实验课老师齐昂给巴甫洛夫留下了深刻的印象。齐昂出众的手术技艺彻底征服了巴甫洛夫。在齐昂教授的指导下，巴甫洛夫开始了他的第一次生理学实验。巴甫洛夫第一次实验的结果是糟糕的，作为老师的齐昂能够滴血不沾地完成手术，甚至无须换洗衣服，便可以径直离去，参加各种活动；而巴甫洛夫看着自己沾满血迹的衣服，下决心要在实验技艺上成为和自己老师齐昂水平相当的“外科医生”。每天的空余时间，巴甫洛夫都泡在实验室里，一遍遍地进行着手术操作实验。天生善用左手的巴甫洛夫在通过训练后，甚至能够达到左右开弓的境界，以至于日后当他在实验中见到助手笨拙的操作时，便大为不满，甚至会亲自上前操刀演示，并在极短的时间里轻松完成一系列复杂的手术操作。日益精湛的技艺使得巴甫洛夫成为生理学实验课的佼佼者，当别人还在因为手术操作复杂无从下手时，巴甫洛夫早已完成了实验。齐昂教授非常欣赏年轻的巴甫洛夫，甚至将大量的独立研究委派给他。面对这个机遇，巴甫洛夫没有错过，他接触了大量关于生理学的实践知识，包括心脏、胃等器官的研究，这些领域在那个年代尚属于科学的真空领域。无疑，经过一系列的独立实验和研究，巴甫洛夫积累了大量经验和思考分析的成果，当然这一切都得益于齐昂教授。在日后的回忆中，巴甫洛夫坦言："他（指齐昂）可以将最复杂的生理学问题讲得非常浅显，这种深入浅出的课程简直让人着迷……在齐昂教授的指导下，我第一次做了生理实验！"①

大三那年，巴甫洛夫开始和同学韦利基合作，尝试对心脏功能进行研究。科研的道路注定是坎坷的，即使是巴甫洛夫这样集天分和勤奋于一身的杰出人物，也无法避免科学探索的艰难。在研究之初，巴甫洛夫和韦利基两人不断遭遇失败，无论怎么调整和尝试实验方案，一切都似乎注定失败。在反复的挫折打击下，巴甫洛夫病倒了，过重的精神压力使他患上了一种名为"神经紊乱症"的疾病，在医生的劝阻下，他不得不回家休息。休息一段时间之后，巴甫洛夫没有放弃自己的研究，又重新回到了实验室，继续他和韦利基的实验。功夫不负有心人，实验成功了，巴甫洛夫和韦利基先后共同发表了《心搏的向心加速器》和《喉神经对血液循环的影响》。这两篇文章得到了生理学界的极高赞誉，圣彼得堡自然科学协会特意为这两篇文章发布了特别通报，以作为对二人成绩的肯定和褒奖。1875 年，因为在心脏神经领域所取得的成绩，巴甫洛夫被圣彼得堡大学授予金质奖章，并圆满地结束了自己的大学生涯。

为了获得继续深造的机会，巴甫洛夫立刻进入外科医学院进行学习，并开始攻读博士学位。整整 8 年的时间，巴甫洛夫一直忙于实验研究。他不仅要学习外科领域的知识，又要担任老师的助教，还必须独立进行科学研究。他几乎完全泡在实验室里，连他的爱人谢拉菲玛也常常见不

① 段丽钢. 巴甫洛夫传 [M]. 长春：时代文艺出版社，2013：40.

到他。巴甫洛夫之所以耗费了整整 8 年的时间才获得博士学位，并不是因为他能力不足，而是因为他过分沉浸于科学研究的世界里，甚至忘记了撰写博士论文，其间还无数次无偿帮助其他人进行科研和博士学术研究，这才一直耽误了下去。甚至巴甫洛夫的朋友们常常开玩笑说，剽窃巴甫洛夫的观点都已经成了一种惯例。虽然这只是玩笑，但巴甫洛夫确实始终无私地帮助着身边的研究者们。许多年之后，很多人回忆起与巴甫洛夫共事的那段岁月，都难以忘怀。曾经跟随巴甫洛夫学习了整整 7 年的美国著名生理学家根特就曾坦言："全世界的人类都受益于巴甫洛夫的天才！"①英国剑桥大学教授巴克罗夫特也曾说："巴甫洛夫是一个典范，他将平凡与伟大集于一身，这样的典范世间稀少！"②

在圣彼得堡求学的日子里，巴甫洛夫一直过着清贫的生活。虽然他年年获得奖学金，但依然过得非常拮据，绝大多数的资金都被他用于科研和学习，以至于他在刚到圣彼得堡的那段时间，不得不为省下几卢布的车费而选择步行到校。艰苦的生活没有击退巴甫洛夫，因为他始终相信："科学，不仅仅使生活充满快乐与欢欣，并且给生活以支柱和自尊心。"③在科学探索的不断激励下，巴甫洛夫丝毫没有因为贫穷而斗志衰减，一直到晚年，他都过着安贫乐道的生活。获得诺贝尔奖后，他没有用奖金来改善自己的生活，而是将其全部用于自己的科研事业。

圣彼得堡的求学经历，是巴甫洛夫生理学研究的真正开端。从出身神学世家，到在生理学领域颇有建树，一路走来，巴甫洛夫始终心怀对科学的激情。他把生活的绝大部分都献给了科研，废寝忘食地投入科学实验之中。功夫不负有心人，在日复一日的坚持下，他的毕业论文得到了学界的一致认可，没有人怀疑这个青年日后会成为生理学界的巨匠。扬帆正当时，在圣彼得堡，巴甫洛夫开始了他的科研之旅，并一直坚持

① ② 段丽钢. 巴甫洛夫传 [M]. 长春：时代文艺出版社，2013：42.

③ 李慕南，姜忠哲. 获得诺贝尔奖的科学家们 [M]. 长春：北方妇女儿童出版社，2012：141.

到生命的终点。

真正的科学狂人

巴甫洛夫的一生是属于生理学的，是彻底属于科学的。从他进入圣彼得堡大学开始生理学研究伊始，他的一生一直和生理学相伴，直到生命终结的那一刻。实验室早已是巴甫洛夫的第二个家，对于巴甫洛夫的妻子谢拉菲玛来说，看不到巴甫洛夫的身影不过是家常便饭。为了研究生理学的问题，巴甫洛夫一直将狗作为科研对象，甚至在狗源稀缺的日子里，他做梦梦到的都是狗。有贵族曾经控诉巴甫洛夫虐待动物，却遭到了巴甫洛夫的严厉批评。他认为，贵族们口是心非，嘴上说着热爱动物，可是每顿饭却又不知享用多少肉食；而他虽然以狗作为科研对象，却从未真正永久伤害过每一只参与实验的狗，甚至一直关心和照顾着它们。巴甫洛夫晚年，在他的极力要求下，苏联政府答应在圣彼得堡医学院内修建一座狗纪念碑。这块碑至今依然存在，上面赫然写着“因一向与人类友好相处，机灵驯服，富有耐心，狗多年乃至终生地为实验者效

故居餐厅

故居卧室

劳”。十月革命期间，面对极为艰难的处境，巴甫洛夫始终没有放弃或中断自己的研究。面对列宁的好意，他除了要求提供狗源外，再无其他要求。列宁对巴甫洛夫在科研上的奉献与牺牲精神深感敬佩，下令整个国家优先满足巴甫洛夫的研究需求！

为了探明生物的消化机能，巴甫洛夫始终进行着实验，不断对狗的生理消化过程进行研究，甚至将自己的弟弟作为实验对象。巴甫洛夫和自己的亲弟弟德米特里一起进入圣彼得堡大学，一度饥肠辘辘的德米特里在巴甫洛夫的食物诱惑下，接受了作为巴甫洛夫实验对象的要求。巴甫洛夫将自己的弟弟关在一间屋子里，将一盘肉送给他，同时敲响了门上的铃铛；在这样反复多次后，有一次铃铛虽然也响了，可是却没有肉送到房间里，而德米特里却因为条件反射，在听到铃声响起后，不断地流出涎水，德米特里最终愤怒地揍了自己的哥哥一顿，扬长而去。虽然将自己的弟弟作为实验对象多少有些残忍，但是巴甫洛夫因此明白：反射并不仅仅存在于狗的身上，人类也有着同样的生理作用机制。

在世界生理学界，巴甫洛夫是一个真正的科学狂人。有一次，正当他在思考生理学问题时，妻子谢拉菲玛突然走了进来，陡然间有了头绪的巴甫洛夫径直将自己的爱人绑了起来，要对她进行实验操作。惊恐万分的谢拉菲玛高呼，这才惊醒了巴甫洛夫，他赶紧将自己的爱人放开。因为实验的缘故，巴甫洛夫曾经一度和整个世界格格不入，甚至妻子谢拉菲玛看他的眼神都带着惊恐和不安。巴甫洛夫和谢拉菲玛约定，每周会陪她 1 天，其余时间全部用来进行生理学研究，而谢拉菲玛也没有过多的怨言。拥有一位伟大的科学家作为丈夫,拥有一位如此体贴的妻子，是两个人彼此的幸福。

经过 10 多年的不断实验，在许多人的不解和嘲讽中，巴甫洛夫取得了一个又一个成就。他发现了一种能够只控制心脏跳动强弱而不影响心脏跳动快慢的营养神经，被生理学界一致承认并命名为“巴甫洛夫神经”。以一个科学家的名字来命名新发现，是对这位科学家最高的褒奖。为了研究消化生理的机制，巴甫洛夫采取了瘘管的形式，这个想法的出现得益于巴甫洛夫在神学院期间的博览群书。他曾经在一本书上看到过一个有趣的故事：一名病人由于腹部受伤，胃壁和表皮长在了一起，在那里形成了一个瘘孔，通过这个小孔，可以观察到胃里的一切活动。由于生物在消化食物的过程中，胃里既有胃液，也有食物，很难辨别消化机制到底受什么影响。巴甫洛夫别出心裁，以瘘孔的方式成功进行了实验观测。食物被狗吞咽下去，顺着食道的瘘孔流出，无法进入胃里；但通过狗胃壁上的瘘孔，却能观察到狗胃里胃液的分泌情况。这就是著名的“假饲实验”。

通过假饲实验，巴甫洛夫发现，即使食物无法进入胃里，胃液的分泌也并没有停止，这和生理学界一贯认为的食物进入肠胃引发胃液分泌的结论完全相悖；如果狗的胃部神经受到损伤，即使食物进入胃中，也没有胃液分泌。由此，他得出了一个惊人的结论：消化功能是由动物的神经控制的。一旦神经系统遭到破坏，那么胃的消化功能就将无法正常进行。这个实验结论推翻了生理学界一贯的看法，巴甫洛夫的著作《论消化腺的活动》一书也因此在上市之初没有获得认可。后来随着欧洲学者对巴甫洛夫实验结论的陆续证实，巴甫洛夫在全世界范围拥有了极高的声誉。

1901 年春天，诺贝尔奖评奖委员会派代表到俄国了解巴甫洛夫在生理学领域的成果，巴甫洛夫可能要获得诺贝尔奖的消息不胫而走。一时间，30 多个大学和研究组织向巴甫洛夫投来了橄榄枝，诸多大学和科研机构纷纷推选巴甫洛夫为名誉会员。1904 年，由于在消化生理领域取得的突出成就，巴甫洛夫获得诺贝尔生理学或医学奖的表彰，这也是生理学家第一次荣获这一诺贝尔奖项，在此之前获得这一奖项的全部是医学家。这个消息传开以后，整个生理学界为之沸腾，巴甫洛夫用自己长期的坚持与努力，为世界生理学赢得了尊重。

诺贝尔奖的到来，丝毫没有减缓巴甫洛夫的研究，在他看来，科学永无止境，求知的道路没有终点，当一个人觉得自己已经知晓一切的时候，只能说明这个人狂妄自大。始终保持谦逊，保持对科学的热情，永远不停止自己探索科学的脚步，才是一个人投身科学研究的正确态度。作为一名科学狂人，巴甫洛夫热爱科学并对科学保持着深深的崇敬。面对家庭经济拮据的困境,当朋友劝说他将一部分奖金拿出来用于投资时，遭到巴甫洛夫的严词拒绝。他明确表示,所有的奖金都将用于科学研究，科学过去不会、现在不会、将来也永远不会和交易发生任何联系。科学的神圣是绝不可以亵渎的！遭到巴甫洛夫拒绝的那位朋友，不得不打消了自己的念头，灰溜溜地离开了巴甫洛夫的住所。

热爱科学，尊重科学，恪守一名科研工作者的底线和良心，是巴甫洛夫一生的信条，无论生活多么艰难，工作多么繁忙，他都乐此不疲，始终将实验室当作自己另外的一个家。这名科学狂人一直辛勤工作了数十年，直到 75 岁后才逐渐感觉身体开始衰弱；而这数十年里，他在实验室的时间要比在家的时间多得多。正是因为这份对于科学的狂热，正是出于这份对于科学的执着追求,巴甫洛夫才一直没有停下科研的脚步，才能够获得一个又一个举世瞩目的成就。

向新的领域进发

在对生物的消化生理进行了深入研究后，巴甫洛夫提出了举世闻名的条件反射学说。他认为生物的生理机制是由神经控制的，而神经的控制权最终应当归于大脑，于是他又重新开始对生物的大脑神经活动进行研究。对人类的大脑的研究一直是生物学、生理学和医学的研究前沿，在巴甫洛夫所处的时代，脑科学研究几乎处于一片空白之中；同时，对大脑神经活动的研究，也是一次彻底向神学宣战的冲锋号。一些反动报纸在得知巴甫洛夫将要挑战脑神经思维领域后，纷纷撰文抨击。而很多生理学家虽然从事自然科学研究，但仍然信奉上帝，认为巴甫洛夫研究大脑简直是对上帝的亵渎。甚至巴甫洛夫的学生、他的一名实验助手也公然表示反对巴甫洛夫的实验计划，认为这项计划简直是太荒谬了。不仅如此，他的妻子谢拉菲玛也哭泣着向巴甫洛夫讲述着自己的惶恐不安。大批的反对者纷纷涌现，备受非议的巴甫洛夫甚至因此影响了他身边人的正常生活。他长期的亲密助手别兹博卡娅由于在博士论文中应用了条

故居内景

标本展室

件反射法，不仅激怒了巴甫洛夫的反对者们，她也因此没有通过论文答辩。

漫天的非议接踵而来，试图湮没并毁掉这个不断前行的科学家。在灵魂论者看来，巴甫洛夫的研究是彻底的反上帝行为，巴甫洛夫也不得不因此辞去了教授职务和生理学研究室的工作。虽然此后迫于学生压力，巴甫洛夫工作的军医学院又不得不隆重邀请巴甫洛夫重返校园，可是这并没有消除巴甫洛夫所遭受的质疑。但是谁也没有料到，这些诘难对巴甫洛夫没有任何的实质性影响，即使在被迫离职期间，他仍然坚持着自己的思考。而当他重回岗位后，他笃信自己的实验方法，始终试图用生理学的方式,去解释狗的内心世界。他不允许实验室内出现主观的词汇，诸如“狗在想”“狗不高兴了”“狗厌倦了”等，否则会被处以罚金，他也因此被很多人鄙夷地称为“心理迷”。

通过对狗进行盐酸实验，巴甫洛夫发现，他将一点儿盐酸倒入狗的嘴里，很快狗便开始流出唾液；此后他将盛有盐酸的小玻璃瓶放在狗的面前，狗也同样流出了唾液。巴甫洛夫根据实验，认为条件反射是心理活动产生的主要成分之一，但又不仅限于此；他认为条件反射是完全可以用于心理学研究的，同时将研究的对象指向了生物大脑的高级神经活动。

随着研究的不断深入，巴甫洛夫甚至用猴子这种高度类人化的动物进行实验。他发现，猴子大脑皮层的机能在不断地持续，而且这种机能的持续和活动并不杂乱，有着一定的规律，由此他创立了人类高级神经活动学说，沉重地打击了当时甚嚣尘上的唯心主义心理学。此后他又提出了“两种信号系统”的学说，认为人类存在两种不同的信号系统，其中一套能够直接感知外部反应，而另外一种则能够引起人的高级神经活动。这项学说填补了生理学在脑学科研究上的空白，同时也科学地解释了人类特有思维的生理基础。

向新的高峰攀登需要莫大的勇气，对于已经功成名就、获得诺贝尔奖的巴甫洛夫来说更是如此。在遭受严重非议的情况下，巴甫洛夫始终没有放弃自己的研究，甚至为了科学的尊严舍弃了自己的职务和虚名。正如他所说：“决不要陷于骄傲。因为一骄傲，你们就会在应该同意的场合固执起来；因为一骄傲，你们就会拒绝别人的忠告和友谊的帮助；因为一骄傲，你们就会丧失客观标准。”① 科学是永无止境的探索过程，人类短暂的生命相比于浩瀚的科学之海，实在是过于渺小。巴甫洛夫曾经感言：“科学需要一个人毕生的精力，即使拥有两次生命，对于科学来说，这些时间仍然是不够的！”② 不畏困难、丝毫不曾想过躺在功劳簿上睡大觉的巴甫洛夫，最终一次又一次凭借着惊人的毅力取得了成功。

巴甫洛夫的影响

晚年的巴甫洛夫终于在 75 岁后开始感受到身体机能的逐步衰退，

---

① 李慕南，姜忠哲. 获得诺贝尔奖的科学家们 [M]. 长春：北方妇女儿童出版社，2012：139.

② 李慕南，姜忠哲. 获得诺贝尔奖的科学家们 [M]. 长春：北方妇女儿童出版社，2012：142.

在此之前他甚至不需要额外的休息，每天工作 10 个小时对他来说几乎是家常便饭。这位曾经立志搞科研到 100 岁的生理学家最终还是没有逃过病魔的侵袭。在一次流感发作过程中，原本已经出现好转的巴甫洛夫忽然间病情又急剧加重。这一次他再也没能抵抗住疾病的侵犯，在一次挣扎穿衣的过程中，他突然倒下，然后便再也没有站起来。在巴甫洛夫弥留之际，有人敲门想进来探望巴甫洛夫，却被巴甫洛夫用“巴甫洛夫很忙，巴甫洛夫正在死亡”这一句话强行赶走，而那时的巴甫洛夫既没有忙着交代后事，也没有忙着祈祷，他只是诉说着死亡将近的感受，并敦促自己的助手赶紧记下来，作为日后科研的感性材料。

1936 年 2 月 27 日，这一天对于苏联人民和整个世界生理学界来说，都是一个悲痛的日子，苏联人民失去了一位他们最亲爱的人民科学家，而世界生理学界也丧失了一位泰斗级的天才人物。苏联政府为了表彰巴甫洛夫的成就，在他的家乡梁赞设立了纪念馆和纪念碑，至今那座巴甫洛夫的雕像依然耸立在纪念馆的门口，诉说着这位传奇科学家一生的伟大成就。

纵观巴甫洛夫的一生，从梁赞的神学家庭出生成长，却因为涉猎广泛而抛弃神学，在离经叛道的非议中毅然走向了自然科学的殿堂，并且数十年如一日地辛勤工作，将自己的一生奉献给自然科学，也奉献给了他深爱的祖国与人民。

巴甫洛夫是世界最杰出的生理学家之一，也是引导世界生理学界发生巨变的科学巨匠。他毕生从事心脏、消化生理学和生物高级神经活动等生理学研究，并在研究过程中没有丝毫的急功近利，而是一步一个脚印，通过反复的实验，从无数失败中寻找真理的线索。凭借执着的科研热情和严谨的科研态度，巴甫洛夫在无数困难和非议面前，顽强地开辟出了一条崭新的道路。他的条件反射学说和“两种信号系统”学说对医学、心理学、生理学甚至哲学都产生了巨大的影响，有力地回应并抨击了唯心主义生理学，为唯物主义的发展提供了坚实的生理学基础，彻底击垮了“灵魂由上帝赐予”的唯心主义观点，用科学的结论证明了人类

故居花园

精神活动和生理活动的规律性。

在巴甫洛夫逝世以后，世界生理学界和生物学界的一系列全新发现纷纷证实了巴甫洛夫学说的真实性，而条件反射学说与“两种信号系统”学说也在后世得到了不断补充和完善，假想的上帝并没有赋予人类灵魂。虽然宗教有合理的存在价值，却不能因此成为阻碍科学发展的掣肘。彼时有些心理学家批评巴甫洛夫的条件反射学说太过简单，只具有历史意义，而无法真正应用于心理学的分析。但是巴甫洛夫本人从来也没有认为条件反射就是一切生理和心理活动的唯一原因，他在弥留之际曾表示：“我打从一开始就坚持认为，高级神经活动是生理机制的一个基本体系，只有当这一体系更加扩充和深入并由丰富的材料构成的时候，才可将某些主观现象纳入其中。”[①]巴甫洛夫这一生所做的，并没有给他的研究盖上一个终结的盖子，他只是一个科学的引路人，他也乐意看到他

① 段丽钢. 巴甫洛夫传 [M]. 长春：时代文艺出版社，2013：133.

的学说不断深化和发展。

巴甫洛夫的一生奉献给科学，他的影响早已超越了学术本身，他奉献于科研的执着忘我，他热爱祖国的强烈决心，他面对困难的百折不挠，他对时间效率的极致化追求，他永不止步的探索精神，早已经成为一个又一个颇具传奇色彩的励志故事；而那句“巴甫洛夫很忙”更成了传遍世界的警句，激励着世界上无数的人们，如他一般砥砺前行，不畏险阻，敢于攀登，敢于奉献，敢于工作到生命的最后 1 秒钟！

如今，当我们漫步在小城梁赞，当我们进入巴甫洛夫故居，我们应当带着一份崇敬的心情，去回顾这位伟大生理学家的一生，去感知在那个艰苦岁月里巴甫洛夫的坎坷经历，从而获得激励自我不断前进的精神力量。我们需要保持敬畏，需要将巴甫洛夫作为自己的榜样，去努力践行自己人生的追求和理想，并为之奋斗一生。在此过程中，我们都必须坚定自己的信念，不断用正确的方式去实现自我人生的价值，并向更高的境界不断发起挑战。

正如巴甫洛夫所言：“在世界上，我们只活一次，所以应当珍惜光阴。必须真实地生活，过有价值的生活！”

（撰稿：马婉茹）

参考文献

陈舜萍，金宵．巨人百传丛书：巴甫洛夫 [M]．沈阳：辽海出版社，1998.

段丽钢．巴甫洛夫传 [M]．长春：时代文艺出版社，2013.

敢峰．中外名人故事丛书：巴甫洛夫 [M]．北京：和平出版社，1990.

林乾．中外名人的青少年时代丛书：巴甫洛夫 / 门捷列夫 [M]．太原：山西人民出版社，2012.

李慕南，姜忠哲．获得诺贝尔奖的科学家们 [M]．长春：北方妇女儿童出版社，2012.

萨织彤．中外名人治学故事 [M]．太原：山西人民出版社，1980.

朱富扬．巴甫洛夫 1849—1936　俄国科学家 [M]．深圳：海天出版社，1997.

普朗克

在理论物理学发展的璀璨星河中，每一位青史留名的科学家都熠熠生辉，如果非要在19世纪与20世纪之交撷取一颗最耀眼的明星，恐怕非马克斯·普朗克莫属。这位来自德国的物理学家，在现今存世的照片中是这样的形象：瘦小的身躯，裹着深色的西装，笔挺的白衬衫，很像一个典型的普鲁士官员，但在秃顶下有一双深邃的眼睛。德国物理学家马克斯·冯·劳厄这样评价普朗克："只要自然科学存在，它就永远不会让普朗克的名字被遗忘。"[①] 为了纪念这位生前获得无数荣誉和成就的科学家，马克斯·普朗克学会于1948年在德国萨克森州的哥廷根成立。哥廷根位于德国中部的莱纳河畔，面积狭小，地理位置偏僻，但它是欧洲学术界璀璨夺目的明珠。在第二次世界大战之前，哥廷根曾是国际数学、物理学的中心。这里曾经走出过40多位诺贝尔奖

① 赫尔内克. 原子时代的先驱者[M]. 徐新民，贡光禹，郑慕琦，译. 北京：科学技术文献出版社，1981：145.

得主，他们或毕业于哥廷根大学，或曾在此任教以及从事研究，世界上很难找到另外一座城市有如此的殊荣。因此，这里既是莘莘学子心中的圣地，也是众多科学巨擘曾经生活、学习过的地方。而晚景凄凉的马克斯·普朗克也在这座小城走完了生命最后的旅程。

今天，漫步在哥廷根内城幽静的小巷中，在那饱经岁月侵蚀洗礼而略显斑驳的墙壁上，随处可见一个个精致的铜牌或木牌，上面写着诸如“诺贝尔奖得主索莫菲尔德，1925 年居住于此”“诗人海涅，1821 年以此为家”的字样。那些在历史上灿烂夺目的名字，被刻在一块块牌子上，寂静无声。这些牌子，记载了名人们停留过的历史，也展现了哥廷根悠久的人文底蕴。在鳞次栉比的欧式建筑中，一座红瓦黄墙的三层建筑在整条街道上并不是那么显眼，似乎毫无特殊之处，只有墙体上挂着的写有“M. 普朗克，诺贝尔物理学奖得主，1945—1947”的牌子，才会提醒人们这里曾经住过一位伟人。幽静安逸、风景优美的哥廷根向晚年的普朗克伸出了温柔的双手，安抚他孤独受伤的灵魂，成为他生命旅程最后的栖身之所。岁月悠悠，斯人已逝，今日我们走过青石铺就的街道，推开普朗克故居的大门，穿过窄窄的走廊，耳畔依稀回荡的是大师的高谈阔论和谆谆教诲。

诚如著名化学家奥托·哈恩所言：“普朗克的名字将载入史册，这不仅仅是因为他堪称科学伟人，而且也是因为他的人格：在多次沉重的命运打击下，他依旧没有失去内心的伟大和人的尊严。”①1945 年 5 月中旬，已是耄耋之年的普朗克和妻子被送到战火已然平息的哥廷根。彼时的普朗克在短短一年内经历了数次打击：先是住宅被毁，他全部的藏书、手稿和几十年的日记化为灰烬；唯一在世的儿子埃尔温又因刺杀希特勒未遂而被秘密处决；他本人还患上了脊椎融合征，常常痛得彻夜难眠。彼时的普朗克不再是那个意气风发、步伐矫健的大科学家，他流离失所、

① 赵鑫珊. 普朗克之魂：感觉世界·物理科学世界·实在世界 [M]. 上海：文汇出版社，1999：17.

身无分文、疾病缠身，最后被好心的美国军官营救，在哥廷根他侄女的住所得到短暂的安宁。

尽管命运给普朗克设置了无数道沟坎，他却总能在跌倒之后顽强地站起来，继续前行。到了晚年，普朗克对人类的前途和命运越发关心。在生命最后两年半的时间里，他始终以“为公众做些事情”为己任，致力于向无数求知若渴的年轻人推广理论物理学。他马不停蹄，在哥廷根医院待了5个星期后，又一瘸一拐地去参加各种关于宗教与科学的演讲。

他笔耕不辍，一生共发表了215篇研究论文，出版了7部著作。他虚怀若谷，从不在书中夸耀自己的功绩，也从未过多地描写自己的生活经历，即便是在哥廷根完成的对自己学术生命总结性的发言《科学自传》中，也总是将讨论的范围严格限定在科学问题上。他最后一次演讲需要在寒冷的1月份乘坐没有暖气的火车旅行。有人问他为什么这样做。他坦言：“在89岁的年纪，我不能在科学上有所成就；留给我可能干的事，就是关心以我的工作为基础的进展，通过在这里和那里不断地重复我的演讲，对那些为真理和知识而奋斗的人，特别是年轻人的希望做出响应。”①

1938年，在普朗克诞辰80周年的庆祝会上，人们送给他一个永久性的礼物——将一颗小行星命名为“普朗克星”。普朗克的一生都在追寻浩瀚宇宙中的永恒真理，他身上的光辉就如同这颗行星一般，永恒闪耀。

平凡的科学家

1858年4月23日，马克斯·普朗克作为家庭中的第六个孩子出生在德国基尔。普朗克出身于一个有着可敬传统的家族：他的曾祖父和祖

---

① 海尔布伦．正直者的困境：作为德国科学发言人的马克斯·普朗克[M]．刘兵，译．上海：东方出版中心，1998：181.

普朗克故居（德国哥根廷）

父都是学识渊博的神学家，他的父亲是一位出色的律师，母亲则来自东普鲁士的一个牧师家庭。长辈们崇尚思想自由，反对俾斯麦的专制统治，这种开明的、不随波逐流的政治思想在普朗克幼小的心灵中生根发芽，并影响了他的一生。在普朗克生命中的重要时刻，他的信念始终如磐石般坚定不移：忠于家庭和祖国，拥有责任感和工作激情。

普朗克在小城基尔度过了无忧无虑的童年时光，直到 1867 年，他随全家搬到了慕尼黑，并在慕尼黑完成了自己的中学教育。和那些早早就显露才能的物理学家不同的是，普朗克除了与生俱来的贵族气质外，在学生时代的表现与常人无异。得益于勤奋刻苦的品质，普朗克的学习成绩尚可，但绝不算出众——虽然他的语言、数学和历史都取得了不错的成绩，却丝毫未被看出他会是一个从事物理学研究的旷世奇才。在教师们眼中，普朗克算得上一位乖巧懂事的“好学生”。教师们赞赏他性格中的坚强，尽管他总是很腼腆，学校仍愿意给这位谦逊的小绅士一份看似称颂却又实实在在的鉴定：“为老师和同学所喜爱。他在班级里年纪最小，虽然有些稚气，但头脑非常清醒，逻辑性也强。他很有出息。”①

故居小径

值得一提的是，与他之后的人生轨迹完全不同，普朗克在童年时期就展现出了非凡的音乐天赋，而不是逻辑推理演算的天分。他很小的时候就已经具有专业音乐家的钢琴演奏水准，他还会演奏大提琴甚至是管风琴。他喜欢舒伯特的《摇篮曲》《美丽的磨坊女郎》，勃拉姆斯的《D大调小提琴协奏曲》，还有巴赫的《马太受难曲》，这些婉转优美的旋律给家教甚严的普朗克带来了心灵的慰藉。巧合的是，当时的慕尼黑是德国的文化重镇，是很多作曲家活动的领地，普朗克的早期音乐教育同这座城市的艺术气氛紧密相连。少年时期的普朗克经常参加一些著名的家庭音乐晚会，并且会为晚会谱写和弹奏曲子。每逢闲暇，他还会去教堂演奏管风琴。他技巧娴熟，常常博得满堂喝彩。普朗克对音乐的喜爱是永久性的，后来已成名成家的普朗克仍经常在家中举行音乐会。爱因斯坦常常和他一起演奏贝多芬的作品，爱因斯坦拉小提琴，普朗克弹奏钢琴，两位科学巨人的二重奏也成为科学史上的一段佳话。

在马克西米利安中学读书时，受数学家奥斯卡·冯·米勒的启发，普朗克发现自己对数理有着很大的兴趣。正好米勒也教他天文学、力

① 赫尔曼．量子论初期史[M]．周昌忠，译．北京：商务印书馆，1980：28.

学，成了他的物理启蒙老师。正是这位指导老师，唤醒了他对探寻数学原理和自然规律之间关系的兴趣；而这种兴趣在短短几年后就演变成了激情，成为他涉足物理学研究的动力。

科学的美和艺术的美在少年普朗克的精神世界里交织，如波涛星月，彼此辉映，对普朗克来说，割舍掉哪一个都是一种痛苦。因此，在 16 岁的普朗克完成中学学业时，千百年来折磨普通青年人的择业问题也困扰了普朗克许久。在面临职业选择的十字路口上，彼时的普朗克内心无比焦躁和迷茫，茶余饭后乃至是练习音乐时，他都会陷入沉思。

在普朗克生活的年代，自然科学并不像人文科学那样受到重视，人们甚至会把自然科学家戏称为“森林管理员”。但是普朗克毅然选择物理学研究作为其终生的职业，他并不是为了追逐名利，而是出于对自然真理的渴求。

慕尼黑大学的物理学教授菲利普·冯·约利曾屡屡劝诫这位青年，他认为这门科学中的一切都已经被研究过了，只是一些不重要的空白需要被填补，这也是当时很多物理学家所坚持的观点。但是普朗克回答道，他并不期望发现新大陆，只希望理解已经存在的物理学基础，或许能将其加深。后来，普朗克不仅实现了自己的承诺，甚至还远远超越了原定的目标。

普朗克常量

19 世纪末，经典物理学历经 200 余年的发展，已经趋于完善。牛顿经典力学、麦克斯韦电磁理论和经典统计力学，共同构成了严密的理论体系。理论物理学领域似乎再没有土地提供给物理学家们建造新的大厦，而他们的任务也只是在原来古典力学大厦的基础上修修补补、添砖加瓦。爱因斯坦后来曾总结：“在 19 世纪，所有的物理学家都把古典力学看作全部物理学的，甚至是全部自然科学的牢固和最终的基础，而且他们还孜孜不倦地企图把这一时期逐渐取得全面胜利的麦克斯韦电磁理论也建立在力学的基础上。”①

英国物理学家威廉·汤姆生在 1900 年的新年祝词中踌躇满志地总结 19 世纪的科学成果，他认为在业已建成的科学大厦中，后辈们仅需做一些零碎的修补工作就可以了。同时，他敏锐地觉察到一些新的物理实验仍在向经典物理学提出挑战，但他不以为意，并将这些挑战比作美丽晴朗的天空中出现的两朵乌云。1900 年 4 月，汤姆生发表了题为《19 世纪热和光的动力学理论上空的乌云》的文章。他所说的第一朵乌云，主要是指迈克尔逊和莫雷的实验结果与“以太假说”相互矛盾；他所讲的第二朵乌云，主要是指热学中的能量均分定则在气体比热及热辐射能谱的理论解释中得出与实验不等的结果，其中尤以黑体辐射理论出现的“紫外灾难”最为突出。

但是，汤姆生显然低估了“两朵乌云”的力量。任何事物，当它被绝对化的时候，也就是它开始走向反面的时候，物理学的发展也是如此，这两朵乌云正式拉开了现代物理学革命风暴的序幕：一朵乌云下诞生了量子论，紧接着另一朵乌云下诞生了相对论。量子论和相对论的诞生，使整个物理学图景为之一新。

在这场革命中，普朗克是走在最前面的那一个，但他也是最犹豫的那一个。

1877 年，因病休学的普朗克在身体康复后，如愿以偿地转学到柏林大学，师从亥姆霍兹和基尔霍夫。亥姆霍兹和基尔霍夫是当时德国物理学界的标杆性人物，他们在电学和光谱学等领域有着卓越的贡献。尽管大师的成就是如此辉煌灿烂和扣人心弦，但是他们的授课却令普朗克大失所望。正如布莱希特所说：“不管我们踩什么样的高跷，没有自己的脚是不行的。”依靠自学，他在很短的时间内完成了对热力学家克劳修斯著作的阅读，接受了诸如不可逆性、熵增加原理等热力学观念。热

① 爱因斯坦．爱因斯坦文集：第 1 卷 [M]．许良英，范岱年，编译．北京：商务印书馆，1976：9.

故居外楼梯

力学成了他主攻的方向，并引导他日后建立了量子论。1879年，21岁的普朗克在慕尼黑大学完成了题为《论热力学的第二定律》的博士论文。文中回顾了经典热力学的两个定律，第一定律叙述了能量的守恒；第二定律说的是物理过程不可逆，熵总是在增加，普朗克认为它具有普遍的重要意义。熵是由德国物理学家克劳修斯提出的热力学参量，其物理意义是体系内在的混乱程度。简单地说，一个物体内部热量相当于一个体系，如果一个体系放在那里不管，它就会慢慢变得无序和混乱。就像两种颜色的墨水可以相互融合，就是熵增；但是无法自发分开，即无法自发熵减。日常生活中，汽油燃烧、电能消耗等，都是熵增的行为。

1880年6月，拿到博士学位的普朗克继续在这个领域深入研究，为了获得在慕尼黑教书的资格，他完成了《各向同性物体在各种温度下的平衡状态》一文。但普朗克对玻尔兹曼熵公式（玻尔兹曼运用统计理论对熵概念做出了概率性解释，并给出了平衡态熵的统计表达式）的推崇并没有给德国科学界留下任何的印象。慕尼黑大学的教授表示读不懂他的博士论文，亥姆霍兹态度模糊，基尔霍夫则直接断言论文的结论是错误的。即便如此，普朗克仍然获得了慕尼黑大学编外讲师的身份。1885年，基尔大学特聘普朗克为理论物理学的“特命”副教授，27岁的普朗克获得了稳定的工作，同时也组建了幸福美满的家庭。

普朗克大器晚成，直到1889年受聘为柏林大学的副教授之后，他才真正迎来事业的井喷期。在柏林，他一待就是将近40年。起初，普

故居内景

朗克对于热力学的热忱并没有感染到周围的学者，但他并没有气馁。到1887年，在普朗克的努力下，他在热力学研究领域已经是公认的权威了。

当普朗克终于着手研究黑体辐射问题时，他才感到他接受的熵增加原理受到了根本性的威胁。问题主要集中在热辐射的能量分布上。当时的德国正处于工业化浪潮中，大炼钢铁，于是产生了一个问题，如何知道铁水的温度？我们的生活常识是，当一个物质被加热时，它先是会发光变黑，然后变成大红，最后变成白色。原因是，在常温下，更长的光波会显示出来；而当温度升高时，更短的波长就会显现。当物质处于白热状态时，所有的波长都会被释放出来。[①] 所以，铁水颜色的波长和铁水的温度是有联系的。困扰科学家的是，如何找到一个合适的辐射能量对频率的分布公式以满足所有的实验数据和结果。这是一个古典热力学的难题——黑体辐射。在普朗克之前，理论界有两个著名的先例。1893年，威廉·维恩提出一个数学公式，这种公式在光谱的短波部分使测

① 参见沃森．德国天才：第 3 卷 [M]．王琼颖，孟钟捷，译．北京：商务印书馆，2016：132.

定值与计算值完全吻合，但是在长波和中波部分却无法奏效。1900 年，英国物理学家瑞利·琼斯为长波寻找到一个规律，但不能适用于短波。这个反差强烈的严重问题，被称为“紫外灾难”。

普朗克是怎么解决这个问题的呢？1900 年 10 月 7 日，好友鲁本斯来访。普朗克受到好友的启发，在之前两个公式的基础上，用“内插法”（用通分的办法把两个式子整合起来）发现了新的辐射公式，当晚他将公式以明信片的方式寄给鲁本斯，鲁本斯发现它与实验结果惊人的一致。10 月 19 日，在德国物理学会议上，普朗克兴奋地做了题为“论维恩辐射定律改进”的报告，介绍了新公式。1900 年 12 月 14 日注定是一个不平凡的日子，42 岁的普朗克向德国物理学会宣读了他的论文《论正常光谱能量分布定律》。他语速平稳但略带迟疑地读出了如下假说：“我们采取这种看法——并且这是整个计算中最重要的一点——认为 E（所有特定频率 v 的振子的能量）是由一些完全确定的、有限而又相等的部分组成的，而对于这个有限而又相等的部分，我们应用了自然常量 $h=6.55\times10^{-27}$ 尔格·秒……”① 听众席开始有人交头接耳，人们窃窃私语，他们的脸上带着困惑与不解，有些人甚至频频摇头。论文宣读让会议达到了高潮，但显然是负面意义上的。

这是一个与经典物理学和连续性观念根本不同的科学假说。普朗克做了这样的描述：辐射能不是像连续不断的水流那样从一个类似于水龙头的孔源源不断地射出，而是像机关枪发射子弹那样一束一束地射出，即作为一个个量子发射出来的。物体在发射和吸收辐射时，能量不像经典物理学所说的是连续变化的，而是以一定数值的整数位跳跃变化的。“完全确定的、有限而又相等的部分”就是“能量量子”，正如物质是由一个个原子构成的，能量也是由一个个“量子”所构成；他进一步提出，量子是和频率成正比的，能量等于频率乘以一个常数，这个常数就是 h，

① 申先甲，张锡鑫，祁有龙. 物理学史简编 [M]. 济南：山东教育出版社，1985：716.

h 被普朗克称为“作用量子”（也就是我们现在所熟知的普朗克常量）。

量子概念的提出所带来的影响是爆炸性的，这一观点与古典物理学中人们习惯的思维方式实在相去甚远，英国和法国的物理学界纷纷拒绝接受这一革命性的概念。天性保守的普朗克，鼓足勇气才突破古典物理学的藩篱，但此起彼伏的质疑让他企图把他的新假说同古老的辐射定律调和起来，但在几个基本点上的尝试都失败了。

后来，普朗克是这样谈论辐射公式推导这一决定性步骤的：“一言以蔽之，我所做的事情可以简单地叫作孤注一掷的行动。我生性喜欢平和，不愿进行任何吉凶占卜的冒险。”① 在量子假设问题上，普朗克最初只是把它看成一种权宜之计，是不得已才做出的“孤注一掷”的行动。内心的纯净和思想上的正直保守，让普朗克不得不开始动摇，而这一迷惘、彷徨和倒退，竟消耗了他 10 多年的时光。在此期间，以爱因斯坦为首的一大批青年科学家从普朗克凿开的缺口中，拓展出一个广阔的现代物理科学世界。

30 年后，普朗克回首往事，颇有感慨：“一个新的伟大的科学观念常常不是以逐渐说服或感化它的反对者（亦即不是以令其对立面改过自新的千古罕事）的方式，而多半是采取让反对者渐次衰亡，新成长起来的一代从一开始就熟知这种观念的方式建立起来的。”②

正直的学者

但凡一个理论提出之后，它就不再属于某一个人，真理会为自身开辟道路，披荆斩棘，势不可挡。从 1905 年爱因斯坦提出相对论之后，物理学界的后起之秀纷纷开始在量子理论领域大展拳脚。1911 年，第

---

① 赫尔曼. 量子论初期史 [M]. 周昌忠，译. 北京：商务印书馆，1980：26.

② 赵鑫珊. 普朗克之魂：感觉世界·物理科学世界·实在世界 [M]. 上海：文汇出版社，1999：53.

一届索尔维会议在比利时的布鲁塞尔召开，讨论的主题就是“辐射理论和量子”，这次会议标志着一个新的物理学领域的确立，量子理论的开创者自然受到广泛的推崇。作为量子论之父，普朗克的名字和非常多的大事件联系在一起——现代量子理论的建立，现代光学基本原理的形成，等等。普朗克的科学功绩是与世长存的，1918 年，他因提出能量的量子化而获得科学界的最高荣誉——诺贝尔物理学奖。普朗克的公正、无私、正直，使他在德国科学界受到广泛的赞同和尊重。尊重法律、恪守职责、绝对坦诚，以及对已经确立的科学机构的绝对信任，这些就是普朗克人品的标志。在谈论到普朗克时，人们往往会忽略他在德国学术界的地位和声望，更常议论的是他谦逊、质朴的品格。

1929 年，在庆祝普朗克获得博士学位 50 周年所举行的纪念会上，人们不仅赞扬他的科学成就，同样对他内心的纯净不吝溢美之词。爱因斯坦也发表了演讲，赞扬普朗克是新生事物发展最积极的鼓励者。他奖掖后进，从不论及年轻学者的地位和出身，而更多关注他们的理论是否有益于整个人类社会的发展。普朗克对爱因斯坦的提携就是一个非常有名的例子。1905 年，时任世界科学权威刊物《物理学年鉴》主编的普

故居阳台

朗克，收到并审阅了爱因斯坦有关相对论的论文。普朗克对这篇论文非常珍视，并立刻决定将这篇论文予以发表。彼时的爱因斯坦还只是一位名不见经传的专利局小职员，而普朗克却已经是德国科学界的中坚力量。普朗克毫不在意爱因斯坦的身份，而是敏锐地认为爱因斯坦的相对论将会在物理学领域掀起一场革命，他立即成为德国学术界第一个坚定支持爱因斯坦研究工作的人。

普朗克和爱因斯坦

普朗克对传播量子物理的贡献更多地体现在他的著作中。1906 年，普朗克的论著《热辐射理论讲义》问世，这部论著连同他的《能量守恒定律》《热力学讲义》《理论物理学导论》和《理论物理学 8 讲》不断再版，并被翻译成多种文字，享誉全球教育界和科学界，影响了诸多物理研究工作者和爱好者。

普朗克典雅的学者气质并没有妨碍他为自己学术观点作坚决的辩护。1896 年，刚刚在柏林大学崭露头角的他就大胆地对奥斯特·瓦尔德的唯能论进行反驳。1908 年，他又奋起反抗马赫的实证主义。值得我们注意的是，这场 19 世纪和 20 世纪交替之际的著名哲学论战，发生在那个生生死死追寻科学原理基础的英雄时代，绝不是一件偶然的事情。纵观整个现代科学史，许多重要的自然科学家都关心哲学问题。因为当物理学研究深入到不可闻声、不可见光和不可觉热的微观世界，就一刻也不能离开认识论。正如爱因斯坦所说："认识论同科学的相互关系是值得注意的。它们互为依存。认识论要是不同科学接触，就会成为一个空架子。科学要是没有认识论——只要这真是可以幻想的——就是混乱的东西。”[①]19 世纪和 20 世纪之交，在原有的物理学理论出现严重危机的时候,普朗克与马赫这场有关物理学认识基础的论战便是在所难免的。

像爱因斯坦一样，青年时期的普朗克也曾一度是马赫实证主义的坚定追随者。马赫主张凡是不能被直接感觉经验所证实的东西(譬如原子)都是不存在的，而相信其存在的哲学，都是毫无意义的“形而上学”，都要坚决从科学中清除掉。然而当普朗克真正开始攀登科学高峰（即推导辐射公式）的时候，科学实践同他的马赫主义立场发生了不可调和的冲突。彼时的普朗克在自然规律和科学逻辑的指引下，开始审视实证主义，并从自己一向反对的玻尔兹曼的原子论中获得了启示。当科学实践把普朗克推向原子和能量这些不能被直接感觉与经验证实的微观层次的时候，他便开始领悟到马赫自然哲学原来是一个美丽的泡沫。自此，为捍卫科学的真理，普朗克反戈一击。1908 年，普朗克做了一场题为《物理世界图景的统一性》的演讲，将批判的锋芒直指马赫哲学的要害，在西方哲学界和科学界掀起了惊天骇浪。普朗克的奋力一击，揭开了一场长达 3 年之久的哲学论战的序幕。普朗克振臂一呼，许多一度走错方向的科学家纷纷站在了他这一边。20 世纪初，当马赫的实证主义在哲学界和科学界大行其道之际，普朗克敢于与之公开决裂是需要巨大的勇气和过人的胆识的。

1916 年马赫去世，但普朗克对实证主义的清算和批判却并未停止。它就像贝多芬《英雄交响曲》中那乘风破浪的主旋律，反复回响在普朗克每一次的讲演中,成为普朗克搭建自己科学大厦的最牢固的一块基石。

在普朗克一生的研究中，始终贯穿着一个信仰：只追求自然界的绝对真理，哪怕要放弃之前所公认的权威标准。因此，普朗克才会在黑体辐射问题上盘桓数年之久，即便推导出与实验事实符合的公式，也要执着地寻求阐明公式物理特性的方法。他宣称要“以任何代价非把它找出

---

① 爱因斯坦. 爱因斯坦文集：第 1 卷 [M]. 许良英，范岱年，编译. 北京：商务印书馆，1976：480.

来，不管代价多高”，并“准备牺牲以前对物理定律所抱的任何一种信念”①。

战火中的科学家

普朗克就像是一个站在新旧世纪分界点上的巨人，他的一生享受了成功的喜悦，也体会了深刻的悲痛。他虽亲手揭开了物理学革命的序幕，但序幕背后所呈现的却不是他梦寐以求的图景。事实上，在他提出量子假说之后，物理学界几乎每有一次新的发展，都令他感到惶恐不安。然而，学术上的失望还只是他所遭遇的最小的不幸。作为德国科学界的领袖，他在多年的社会活动中遭遇过无数令人头疼的人事关系问题，随着当时德国形势的发展，这些问题沾染上了政治色彩，终于把普朗克逼到了手足无措的境地。

1914 年夏天，民族主义的狂潮席卷了整个德国。普朗克平静而稳定的生活也随着第一次世界大战的爆发而被破坏。当时，战争从上到下鼓舞着德国民众的爱国热情，民族主义蒙着假面，将一场非正义的侵略描述成民族意志、力量的体现。当时，柏林大学（当时德意志帝国的最高学府，罗曼·罗兰把它说成是帝国主义色彩最浓的一所德国大学）的很多教授都认为，把德国其他学者团结到为整个德意志民族而战的旗帜下是自己的爱国使命。彼时领导柏林大学的普朗克，不得不面对巨大的政治压力。他的声音开始在公众中出现了。1914 年 8 月 3 日，他被安排在大学传统的创立者日纪念大会上演讲。一向冷静的普朗克也受到了情绪的感染，说了一些为祖国光荣献身的话。受最初这几周的热情感染，再加上坚信德国是被卷入了一场反对可耻对手的防卫性战争，普朗克做出了一个使他日后极度悔恨的决定——在没有机会阅读具体内容的情况

---

① 赫尔曼. 量力论初期史 [M]. 周昌忠，译. 北京：商务印书馆，1980：5.

故居小窗

下，他在臭名昭著的“告文明世界书”上签了名。1914年10月，德国各大报纸发布了这一宣言，这一联合宣言用10种语言声称德国艺术和科学界的学者们将与德国军队始终保持一致的态度，即否认协约国对德国军队在比利时犯下暴行的指控。

后来普朗克对此深表内疚和遗憾，竭力想消除自己这一过失在国际科学界所产生的不良影响。普朗克在给爱因斯坦的一封秘密信件中，向他表明了自己两难的心境：“但‘自愿’这个词使我不可能在此问题上主动站出来，因为首先我想到我发过的誓言，其次我感到有些事你不会完全理解……也就是说，对于这个我所属于的、以皇帝个人来体现的国家的虔诚和忠诚。”①

1933年希特勒上台，敏锐的普朗克嗅到了危险的气息，他预见到了这位新元首的上任会给德国自然科学带来致命的打击。如果说，国会纵火案标志着欧洲政治灾难的到来，那么，德国物理学“黄金时代”的终结则是以毁谤爱因斯坦为标志的。

1913年夏，普朗克和能斯特来到苏黎世，邀请爱因斯坦担任柏林大学教授和威廉皇帝学会物理研究所所长。自此，普朗克不得不面对“爱因斯坦问题”带来的诸多困扰。1920年，一些居心叵测的冒牌“科学家”召开了反对爱因斯坦的大会，对爱因斯坦进行了恶毒的人身攻击。这种

① 海尔布伦．正直者的困境：作为德国科学发言人的马克斯·普朗克［M］．刘兵，译．上海：东方出版中心，1998：75.

故居花园

情况在随后的几年愈演愈烈，一开始，普朗克还能采取一系列行动来维护爱因斯坦的利益。但纳粹掌权后，缘于对爱因斯坦犹太人身份的深恶痛绝，加之爱因斯坦在美国公开谴责纳粹政府的倒行逆施，柏林科学院的主管秘书菲克尔勒令普朗克驱逐这位“败坏声誉”的犹太人。“爱因斯坦问题”给普朗克带来了很大的麻烦，他曾想了许多办法来缓和人们的情绪，但由于很难抵挡纳粹当局的强横要求，他只好妥协，要求爱因斯坦辞职。但纳粹当局还不满意，他们要求科学院做出解释。1933 年 4 月 1 日，科学院趁普朗克外出休假时仓促起草了一份免职声明，公开指责爱因斯坦参与了一场诽谤德国当局的运动。开除爱因斯坦使普朗克同个人的良心发生了最痛苦的冲突。1933 年 5 月 11 日，普朗克在科学会议的记录中饱含惋惜与痛心地写道：

爱因斯坦先生不仅是杰出的物理学家之一，而且还是这样一位物理学家，他在我们科学院发表的著作对本世纪物理科学的贡献是如此巨大，以至于他的意义只有开普勒和牛顿的成就才可以与之媲美。我认为，当我说这些话的时候，我所表达的既是我们科学院同行们的见解，又是绝大多数德国物理学家们的见解。我认为说这些话之所以必要，首先是为了让后代不要以为爱因斯坦先生在科学院的同行们不能充分理解他对科学的意义。①

自希特勒 1933 年 1 月上台开始，普朗克每走一步都要面临内心的冲突和艰难的选择。在纳粹活动最为猖獗之际，面对不适意的情况，其他人都可以选择隐居或者出走，但作为柏林科学院秘书和威廉皇帝学会主席的普朗克却不得不选择妥协。普朗克也希望一退了之，他已经 75 岁的高龄了，引退也有合理的理由。但是他不断地收到各方面的来信，遇到困难的人们需要他的帮助，这就使得他有责任留下来。作为德国科学界的泰斗，他必须出面去解决那些乱麻似的困难问题。

普朗克的学生埃伦费斯特在给他的信中写道："在这个约束始终在增加并且完全使人疑惑的时代，对我来说，这在很大程度上意味着你的眼睛总是以一种热情且平和的关系在注视着我——这其中的含义远远超出了我以普通语言所表达的范围。"② 正是这种信任，驱使普朗克在这个职位上坚持下去。为了反对反人性的种族灭绝政策，保护在德国的科学家不受侵害，普朗克长期同纳粹当局周旋，甚至表面上向纳粹政府妥协。当时，有很多人不理解普朗克这一做法，对他大失所望，动辄批判他是纳粹政府的帮凶，说他为军国主义背书。实际上，普朗克在暗地里为保护犹太裔科学家做了大量的工作，后人整理的资料显示，普朗克曾与希特勒进行过秘密会谈。在普朗克临终前几个月发表的题为"拜访希特勒"的自述中，他向世人揭开了妥协的真相："我想利用这一良机为我的犹太同事说些好话。"③

---

① 赫尔内克. 原子时代的先驱者[M]. 徐新民，贡光禹，郑慕琦，等，译. 北京：科学技术文献出版社，1981：140-141.

② J. L. 海尔布伦. 正直者的困境：作为德国科学发言人的马克斯·普朗克[M]. 刘兵，译. 上海：东方出版中心，1998：147.

③ 海尔布伦. 重评纳粹时期的普朗克[J]. 科学文化评论，2008（6）：31-47.

普朗克的种种“叛逆”行为，终于招致了灾祸。1936 年，由勒纳德和斯塔克领导的反对普朗克的运动拉开了帷幕，其目的是反对以爱因斯坦和相对论为代表的“犹太人物理学”。早在 1924 年勒纳德和斯塔克就归顺了希特勒，狭隘的民族主义更是让斯塔克将普朗克视作“白种犹太人”，认为普朗克是德国物理学界的绊脚石，欲除之而后快。斯塔克的同伙在《物理学杂志》上宣称，普朗克的辐射公式只不过是一个“初级的数学配件”而已。他们攻击、抹黑普朗克和爱因斯坦的物理学成就，并终于得偿所愿。威廉皇帝学会、科学院相继受命改组，所有的犹太裔科学家被革职；而普朗克本人被迫辞去学会主席（1937 年）和科学院秘书（1938 年）职务。

解职并不会阻挡普朗克传播真理、维护科学的脚步。早在 1935 年，普朗克就曾不顾纳粹政府的禁令，坚持在柏林组织了纪念著名化学家、反法西斯主义者弗里茨·哈伯的大会。1937 年，普朗克顶住压力，将以他的名字命名的“普朗克奖章”授予了奥地利物理学家薛定谔（他因厌恶纳粹的意识形态而离开德国）。1938 年，这一奖章甚至被颁发给德国的敌对国法国的科学家。面对纳粹政府的施压，晚年的普朗克从未放弃过战斗，他毫不畏惧，以强硬的姿态自证清白。19 世纪 30 年代末期，普朗克进行了各种大大小小的演讲，内容围绕着科学和宗教的主题，产生了广泛的影响。普朗克的演讲深受纳粹分子的厌恶，希特勒曾表示：如果不是普朗克年事已高，早应该把他关进集中营。

孤独的独行者

在人间逗留的最后时光，孑然一身的普朗克在哥廷根生活了两年半之后，溘然长逝，遗体被葬于哥廷根市公墓。哥廷根市公墓就在该市火车总站西南不远处，墓园鲜有人迹，在墓园南边靠近铁路的尽头，有一排专门为科学家保留的墓区。与普朗克一并长眠于此的，有很多我们熟悉而敬佩的科学家前辈：希尔伯特、劳厄、玻恩、哈恩等，他们生前并肩奋斗，为追求真理抛洒汗水，献身科学。在科学家的墓碑上大都有一些文字、符号或者图形作为墓志铭，用以告知后人他们生前的伟大贡献。但普朗克这位饮誉国际物理学界的大师，死后的墓地却十分简朴。我国学者赵鑫珊曾到德国哥廷根拜谒过普朗克的墓地，他这样写道：“2004年初秋，我头一回造访德国哥廷根城市公墓的普朗克坟。很遗憾，墓碑没有把普朗克常量刻上。在那里，我足足站了一刻钟。我多么想看到碑石上有这个神奇的符号 h……当代人类文明大厦不能没有这个常量作为支撑。”[①]另一位学者的游记也可以为证：“小小的墓地，连个围栏都没有，再普通简朴不过了。墓碑上只刻着寥寥数字：Max Plank 1858—1947，没有任何头衔，没有墓志铭。只字不提诺贝尔奖。”[②]这位伟人的墓地就如同他生前的为人一般，简朴单纯，我们没办法从墓碑上得到任何信息，但一旦想到他生前正直的行为和无法估量的成就，就会肃然起敬。

晚年普朗克的生活，从各个方面讲都是孤独的。他生性中的保守和天然的爱国情结使得他在政治上处于两难：他心中的正直使他不肯依附于希特勒政权，而天然的责任感又使得他不能背井离乡。在科学上，普朗克一直是一个平和的、保守的探索者，他始终强调世界图景的普适性和统一性，总是希望看到“作为一个整体的”物理学。当他的这种努力遇到困难时，他就在坚持中一步步地退让，尽量采取“折中的”办法适应所面临的局势。他个人也遭遇了难以言喻的厄运。他有四个孩子，长子于 1916 年在凡尔登战场中弹身亡，两个女儿因为难产死于第一次世界大战期间。1944 年，盟军轰炸了柏林，普朗克位于郊区的住宅连同全部的藏书和资料，顷刻间化为乌有，其中包括这位研究者在几十年中坚持不懈写成的日记——这对科学史来说都是无法弥补的损失。而令他内心世界崩溃的致命一击，来自小儿子埃尔温·普朗克遇害的噩耗。

---

① 杨建邺. 窥探上帝的秘密：量子史话 [M]. 上海：商务印书馆，2009：24.

② 慕汝高云. 莱茵星光：一位爱乐者的欧行漫记 [M]. 广州：花城出版社，2014：294.

1944 年 10 月，埃尔温在刺杀希特勒失败后的第三个月被判死刑。普朗克竭尽全力去拯救小儿子，但不幸的是，1945 年 1 月埃尔温还是被盖世太保秘密处决。四个儿女皆因天灾人祸弃他而去，普朗克再也无法振作起来，而后他患上了脊椎融合征，几乎寸步难行。1945 年 4 月，普朗克避难的马格德堡成了会战的地方。80 岁的普朗克和这个小地方的其他居民只能躲避在附近的森林里，睡在草堆上，受尽了饥寒交迫、流离失所之苦。1945 年 5 月，当美国军人在森林里发现他的时候，这位声名显赫的科学家，狼狈不堪，身无分文。随后，普朗克夫妇被送往哥廷根的侄女家中避难。

哥廷根是一座神奇的小城。1803 年，在拿破仑的军队踏上汉诺威的领土时，他解散了德国许多大学，但唯独保留了哥廷根大学，他说："哥廷根属于整个文明世界。"或许正是因为哥廷根是一座享誉世界的大学城，在"二战"的炮火中，连柏林都被夷为平地，只有它成为德国城市中为数不多的"幸运儿"。民间有好事者传言：希特勒和丘吉尔曾有过"君子协定"，德国同意不轰炸英国的牛津和剑桥，作为回报，英国不轰炸德国的海德堡和哥廷根。

哥廷根的秀美风光，没有因战争被伤及分毫；它的人文传统，也没有被战火打断。当风烛残年的普朗克抵达哥廷根时，他就注定再也离不开哥廷根的怀抱了。位于哥廷根大学城的普朗克故居幽静迷人。小院面积不大，但翠绿一片，院中仅有一座小楼，掩映在葱葱绿意之中。长期颠沛流离的普朗克，腿脚也变得不利索了，他常常独自坐在后花园中的木椅上工作，或是接待客人。普朗克在这栋小别墅仅仅住了两年半，1947 年 10 月，他因中风在哥廷根大学医院与世长辞。他生前的足迹遍布大半个德国，在理论物理学领域跋山涉水，攀登高峰，走遍了古典物理图景的每一个角落，又开疆拓土，探寻到新的理论大陆。在人生最后的两年多时光里，普朗克栖身于这座小城，他的遗体没有回到故乡基尔，也没有运到他曾经长期生活的柏林，而是留在了哥廷根。普朗克去世的那天，全城教堂的钟声一起为他奏响了安魂曲，送别德意志民族伟大的

故居外景

儿子。

我们该如何概括普朗克的一生？作为科学家，他提出了量子的概念，点燃了量子世界的熊熊热火，无情地摧毁了旧的物理学世界图景，并因此斩获科学界最高的荣誉——诺贝尔物理学奖。正如詹姆斯·弗兰克所说："马克斯·普朗克，由于量子概念的创立，成为现代物理学发展的精神之父。"[①]道德高尚的普朗克是普鲁士人的典范，他身上的谦虚和正直、宽厚和诚实、责任感和一丝不苟，使他得到了广泛的称颂和尊重。在一生中，他始终把自己的发展与德国的发展、把个体价值的实现和德国文化的维护统一起来。作为德国科学界的元老，在战争期间，他以那种惯常的责任感引导着德国科学的发展方向，他所发起的"德国科学紧急委员会"确保了20世纪二三十年代德国科学的正常发展。甚至在晚年，在战时和战后的艰苦条件下，他仍然到处演讲，向听众阐发自己的科学、道德和宗教观点。

① 徐飞．科学家的失误[M]．合肥：安徽教育出版社，1997：104.

1946 年，为纪念牛顿诞辰 300 周年，英国人向全世界著名的、正直的科学家发出了邀请信。在一长串受邀请人的名单中，普朗克是唯一一位来自德国的物理学家。英国政府和科学界采用最高规格的礼遇，特意派了一架军用飞机将他从哥廷根接到伦敦。这个邀请，是对他反法西斯功劳的承认，是对他在战争年代里所作出的巨大个人牺牲的嘉奖。来宾簿上这样写着他的身份：普朗克教授，无国家的代表。当时的德国已经名存实亡，普朗克第一次以世界公民的身份参加科学界的顶级会议。

在今天的德国，有一个闻名于世的科研学术组织——马克斯·普朗克科学促进学会。它的前身，是普朗克为之尽心尽力服务的威廉皇帝学会。成立至今，它为世界培养了 30 多位诺贝尔奖得主。它就像一盏明灯，指引着德国乃至整个欧洲学术界的动态和走向。这个学术界的奇迹，始终和普朗克这位伟大的物理学家紧密关联。1949 年，在马克斯·普朗克去世两年之后，威廉皇帝学会改组为马克斯·普朗克科学促进学会，以纪念这位为人类做出杰出贡献的伟大的科学家。

或许，历史学家弗里茨·斯特恩的评价最能接近真实的普朗克："在欧洲历史上，普朗克作为一种德国现象而出现：这包括他的公正、他的成就、他的献身和他所处时代的政治不确定性。"①

（撰稿：许爽）

---

① 斯特恩. 爱因斯坦恩怨史 [M]. 方在庆，文亚，译. 上海：上海科技教育出版社，2004：51.

参考文献

爱因斯坦. 爱因斯坦文集：第1卷 [M]. 许良英，范岱年，编译. 北京：商务印书馆，1976.

赫尔曼. 量子论初期史 [M]. 周昌忠，译. 北京：商务印书馆，1980.

赫尔内克. 原子时代的先驱者 [M]. 徐新民，贡光禹，郑慕琦，译. 北京：科学技术文献出版社，1981.

海尔布伦. 正直者的困境：作为德国科学发言人的马克斯·普朗克 [M]. 刘兵，译. 上海：东方出版中心，1998.

海尔布伦. 重评纳粹时期的普朗克 [J]. 科学文化评论，2008.

慕汝高云. 莱茵星光：一位爱乐者的欧行漫记 [M]. 广州：花城出版社，2014.

申先甲，张锡鑫，祁有龙. 物理学史简编 [M]. 济南：山东教育出版社，1985.

斯特恩. 爱因斯坦恩怨史 [M]. 方在庆，文亚，译. 上海：上海科技教育出版社，2004.

沃森. 德国天才：第3卷 [M]. 王琼颖，孟钟捷，译. 北京：商务印书馆，2016.

徐飞. 科学家的失误 [M]. 合肥：安徽教育出版社，1997.

杨建邺. 窥探上帝的秘密：量子史话 [M]. 北京：商务印书馆，2009.

赵鑫珊. 普朗克之魂：感觉世界·物理科学世界·实在世界 [M]. 上海：文汇出版社，1999.

居里夫人

波兰是一个多灾多难却又顽强不屈的国家，因为在历史上波兰曾多次被瓜分和践踏，但始终保持着独立的民族精神，坚守着属于自己的荣耀；波兰也是个浪漫优雅、崇尚艺术的国度，诞生过肖邦这样的音乐巨匠。波兰科学史同样光辉夺目，而玛丽·居里和尼古拉·哥白尼一样，是波兰乃至世界科学史上最耀眼的名字之一。

乘火车到达华沙之后，从华沙火车站一路步行，经过华沙大学到达老城区，随处密布的教堂、宫殿、塑像和纪念碑，可以感受到这个10世纪就初具雏形的古老城市的历史。第二次世界大战中，希特勒叫嚣着要将华沙“夷为平地”，当年的老城早已消失于战火之中，现在出现在游人视野中的是一个完完全全新建的城市，但那属于民族的气节却从未丢失。城市里矗立的多座居里夫人雕像代表着国家和人民对居里夫人的珍视和纪念，这位坚强的女儿，是波兰的骄傲。

穿过华沙老城广场，横跨穿城而过的维斯瓦河。缓缓踱步，就可以来到佛理塔大街16号。岁月流逝，总有络绎不绝的游人慕名前来，因为这里曾经诞生过一个智慧而又美丽的女人——玛丽·居里。这座小楼当年是一所私立小学，居里夫人的父母租了小楼底层旁侧房屋居住。居里夫人在这里度过了童年和青年时代，也是在此接受了父亲最初的科学启蒙。这栋始建于1782年的巴洛克式三层公寓楼，墙体是咖啡色和粉色相间。外墙上有一幅大型彩绘，画中一位女士怀抱一个婴儿，婴儿手中的试管飞出两个元素精灵，精灵手中托着Po和Ra的图形。旁边镶嵌的石板上有几行大字："玛丽亚·斯可罗多夫斯卡·居里于1867年11月7日在这幢房子里来到世界上，于1898年发现放射性元素钋和镭。"1944年华沙起义期间，这座建筑被德军蓄意拆毁，第二次世界大战后重建。1967年，在波兰化学学会的建议下，将居里夫人故居改建成居里夫人纪念馆并开放给公众参观。纪念馆内的大镜框里摆放着居里夫人1925年在华沙大学讲课的提纲，以及她筹建波兰镭研究所的相关资料。居里夫人无时无刻不在关注并支持着祖国的人才培养和科学发展，无论身处何处，都眷恋和热爱着她的祖国。走上二楼，门厅墙壁上悬挂着两张诺贝尔奖证书的副本，这是居里夫人为世界做出伟大贡献的证明。瞻仰着房间内居里夫人的照片和笔记，还有她用过的实验仪器，时光仿佛倒流，可以感受到她幼年成长中的家庭温馨，听到她和丈夫皮埃尔·居里在实验室的低声讨论。那靠在椅背上托腮沉思的居里夫人，虽然神情严肃，眼中却透出温柔的智慧之光。

从纪念馆出来，沿着维斯瓦河西行，可以看到著名的美人鱼青铜雕像。美人鱼右手持剑、左手持盾、昂首挺胸，俨然是一位披挂上阵的战士。这是"二战"前夕塑造的保卫家园的英雄形象，她身上寄托着波兰人民对自由、幸福的渴望。居里夫人奋斗的一生从华沙起步，虽然身处动荡的时代，也经历了人生中诸多的磨难，但就像华沙美人鱼一样，坚毅勇敢的她手持科学的火炬，心怀对世界的爱，默默前行而又播撒光芒。她为世界带来的科学的火种，以及她闪耀的精神品格，都穿越时光，历久弥新。

穿越苦难

1867 年 11 月 7 日，玛丽 · 居里（原名玛丽亚 · 斯克洛多斯基）降生于波兰华沙的一个普通家庭，作为家中最小的孩子，她还有 3 个姐姐和 1 个哥哥。她的父母都是知识分子——父亲是一名物理和数学教师，母亲是一所知名女子寄宿学校的校长。她的父母非常重视对孩子的教育，孩童时期的玛丽亚不仅养成了热爱科学的习惯，而且在心中埋下了热爱祖国的种子。

小小年纪就勤奋好学的玛丽亚，最喜欢围绕在埋首工作的父亲膝下，听他讲述一些科学的小知识，还对父亲书房的显微镜垂涎不已。她总是全神贯注地读书，仿佛世界上没有什么能使她分心。在她的家里，餐桌清理完毕后，餐厅就变成了孩子们的书房。有一次，她的姐妹们在她读书的时候，把一摞椅子堆在她身后，希望在她抬头时能吓她一跳。十分钟过去了，全神贯注的玛丽亚仍然没注意到这个恶作剧——身后的椅子已经堆成金字塔形。恶作剧的孩子们焦急地等待着，半小时后，玛丽亚终于抬起头来，同时椅子在她周围滚了下来。玛丽亚没有被逗乐。她平静地反驳道："这真没意思。"然后拿着书默默走出了房间。

如果不是悲剧降临到她的家庭，玛丽亚会有一个快乐的童年，和她的兄弟姐妹一起无忧无虑地成长，继续沉浸在对知识的探索之中。玛丽亚 4 岁的时候，她的母亲得了肺结核，当她跑去迎接久病回家的母亲时，却被拦住了。她的母亲不想把这种病传染给女儿，从那以后很少给她亲吻和爱抚。让玛丽亚痛心的远不止母亲的疾病。玛丽亚到了上学的年龄，但此时她的家庭和千千万万的波兰人民一样，遭遇了最艰难的时期。当时波兰深陷俄国的控制之下，普通民众甚至都不允许用波兰语阅读或书写任何东西。她就读的学校有双重课程表——孩子们偷偷地学习波兰的历史，但当俄国督察来的时候，接到暗号的孩子们就藏起书本，假装在做针线活。玛丽亚比她的同学年龄小，但她因为聪明伶俐，经常被点名

居里夫人故居（波兰华沙）

回答督察的问题。她的回答无可挑剔,但紧张的气氛让她崩溃。有一次，当她被厉声问道“谁是统治波兰的人”时，她面色惨白地回答“是全俄国的皇帝亚历山大二世陛下”。督察心满意足地离开后，玛丽亚颤抖着失声痛哭起来。

灾难没有放过玛丽亚的家庭。她父亲因为不愿意向代表沙皇集团的校长卑躬屈膝，执意保护学习波兰语的学生，被当局降职停薪，连住房也被没收，全家的生活陷入了窘迫之中。当玛丽亚 8 岁时，她的姐姐佐菲亚感染了伤寒并且很快就去世了。大约两年后，久病在床的母亲也被纠缠许久的肺结核夺走了生命。玛丽亚伤心欲绝——她生命中最亲密的两个人都被死神残酷地带走了。对幼小的玛丽亚来说，家人的离去，让她过早地承担了生命中难以承受之重。

玛丽亚从波兰的学校毕业后，只能去一所俄国的学校继续学业。她不得不忍受她的俄国老师，但她高傲的天性和内心激荡的爱国情感永远不会让她完全屈服于他们的威权。她的老师曾经斥责她：“我发现你总是低头不看我。”玛丽亚冷静地回答：“那是因为，我什么都做不了。”

尽管如此，她还是很喜欢上学，她如饥似渴地汲取着知识，就像干旱的土地吸收雨水一样。1883 年，玛丽亚以最优异的成绩从中学毕业，并获得了优秀毕业生金奖。

高中毕业的玛丽亚想去大学继续自己的学业，但这并非是 19 世纪波兰年轻女性能够触及的梦想。尽管玛丽亚取得了优异的学业成绩，但由于性别原因，她根本无法进入高等学府——俄国政府根本不允许波兰女性上大学。她和她的姐姐布洛妮娅都面临着如此的困境。姐姐想成为一名医生，曾就读于流动大学——这所大学不顾俄国当局的反对，录取了女性，并开设了一门亲波兰的课程，但是这个地下的夜间学校只能不断变换地点，学习变成了胆战心惊的游击战。玛丽亚很快就意识到，这种教育对姐姐和她的科学抱负来说是远远不够的。当时有很多波兰人去法国上学，比如巴黎的索邦大学就接收波兰的留学生。于是玛丽亚与姐姐布洛妮娅约定，由她赚钱送姐姐去法国上大学，如果姐姐能够顺利毕业并找到工作，再接玛丽亚去法国继续学业。

这个姐妹间的约定用了 6 年才实现。这 6 年里，在经济的困窘和政治的压迫之下，玛丽亚只能靠当家庭教师来赚取姐姐的学费。在当时的波兰，家庭教师既不是仆人，也算不上老师，是被人看不起的职业。家长的冷言冷语和周围人的白眼，让玛丽亚饱尝了当家庭女教师的辛酸。但她并没有忘记内心的梦想。她把所有的空闲时间都用来阅读通过各种渠道弄来的社会学和物理学书籍，并通过与父亲的通信来增加数学知识。同时，玛丽亚成了流动大

公寓楼正门

学中的一员。她如饥似渴地汲取各种知识，尤其是她感兴趣的物理和化学知识；她走进了实验室，尝试着做实验。这一切让她兴奋不已，她无法抑制自己内心的呼唤：成为一名科学家。

1891 年 9 月，姐姐顺利毕业并成为一名医生，她帮助玛丽亚来到巴黎，并且进入索邦大学学习。为了适应周围的环境，玛丽亚把名字改成了法语中的玛丽。当时的条件相当艰苦，玛丽只能居住在一个小阁楼里。取暖用的煤需要自己搬上七楼，但到了买不起煤的寒冷冬日，房间里的空气常常和室外一样冰冷。冬季清晨，玛丽把手伸进脸盆中，才发现盆中的水早就结冰了。在饮食上，她也不会索求更多，大部分日子都是少量的面包、鸡蛋，从来不会有丰盛的菜肴。如此清苦的日子，她却自得其乐，将无比珍惜的每一分钟都投入学习之中，常常学习到深夜也舍不得停下。没有合适的照明设备，就在昏暗的灯光下演算草稿。尽管如此，玛丽仍然充分体会到自由与独立精神的弥足珍贵，回忆起儿时被禁止用波兰语交流，以及后来被大学拒之门外的痛苦经历，现在的她能够自由而畅快地学习，能够与伟大的科学相依，追求梦想中高尚的生活，对她来说简直是人生莫大的幸福。在异国他乡求学的她时刻心系祖国，经常与同胞聚会并讨论波兰的各种问题。她给自己定下的目标是获得两个学士学位，而她确实通过不懈的努力实现了这一切，1893 年，她获得了物理学学士学位；1894 年，她又得到了数学学士学位。

玛丽的成长伴随着接踵而来的意外和苦难：物质的匮乏，家人的相继离世，情感的疏离，政治政策的高压控制。可能这些对于任何一个柔弱的女子来说，都可以成为使其一蹶不振的充足理由，然而对于玛丽来说，与苦难并生的唯有对苦难命运的不断反抗。支撑她坚定走下去的，就是对科学的无尽热爱。

科学伉俪

居里夫人的一生都与坚毅、冷静、努力等词语紧密相关，如果说苦难和战争给了她执着前行的反向激发力，使她格外珍惜来之不易的求学和实验机会，那么“爱情”在这位一向冷静的女科学家那里，则成为激发她不断前进的正向推动力。

1894 年，玛丽接受了法国国家工业促进协会的科研任务，研究各种钢铁的磁性，但安排给她的实验室没有空间摆放新的仪器，玛丽为没有研究条件分析矿物而发愁。旅居法国的波兰教授科瓦尔斯基先生将她介绍给一个叫皮埃尔·居里的年轻人。皮埃尔是杰出的物理学研究人员，他发明了能精确测量磁场和电的仪器——压电石英静电计，当时正在进行结晶物理学的理论研究工作。他在自己工作的巴黎市立理化学校为玛丽安排了一个小实验室。相处之中，两人欣喜地发现，他们有着相似的成长背景和对科学澎湃的热情。这对年轻人迅速坠入爱河，并在 1895 年的夏天结为夫妇。自此，她跟随丈夫姓氏，成了“玛丽·居里”，也就是“居里夫人”。

婚后，皮埃尔继续推进自己有关结晶学的工作，而居里夫人则通过了中等教育界任职考试，正式进入巴黎市立理化学校，和皮埃尔在同一个实验室工作。到 1897 年底，她完成了自己的硕士毕业论文《回火钢的磁化作用》，想要继续申请攻读博士学位，而在确立后续的研究领域方面则面临重要选择。最终她既没有选择延续硕士期间的学习，进行磁化钢相关课题的研究；也没有选择成为丈夫皮埃尔的助手，为他的晶体研究做较为轻松的辅助工作。居里夫人在选题的过程中，被一个前沿的领域深深吸引——继威廉·伦琴发现 X 射线之后，物理学家亨利·贝克勒尔研究 X 射线时，偶然观察到铀矿石可以自发放射性质不明的射线，贝克勒尔的研究只停留在铀元素本身，他认为“由于新射线是靠铀发现的，因此推想在已知物质之中，不可能再找到放射性比铀更强的物质，研究这种新现象的普遍性，也就显得不如研究它的物理本质更为迫

故居廊道

切”①。这片尚待开垦的领域在当时并没有激起科学界强烈的兴趣，整个欧洲的实验室还没有人进行相关的实验。但是前人的相关论文似乎为居里夫人的研究指明了方向，她凭借着敏锐的科学直觉和敢于冒险、直面挑战的科学精神，选择后来被称为“放射性”的科学现象作为研究课题。居里夫人需要进行新的实验，她向理化学校的校长申请，终于获得一间贮藏室作为实验室。居里夫人开始用静电计来测量铀射线的强度，这种设备能测量出含有铀的矿物样品附近空气中极低的电流。研究表明，即使改变对铀矿石的处理方式，如温度和照度，射线的作用也是恒定的，即射线的强度可能只和矿石中铀的含量相关，并不受外界影响。她提出了一个大胆的假设：放射射线可能是铀原子的一个基本属性——今天我们已经知道它是随着原子衰变而释放的亚原子粒子，但在当时她的设想是非常大胆的，因为原子被认为是最基本的粒子，不能再被分裂。居里

① 塞格莱．物理名人和物理发现[M]．刘祖慰，译．北京：知识出版社，1986：34.

夫人的假设如果被证实，则意味着原子不一定是稳定的，那将有可能在最基本的层面上修正对物质的科学理解。

玛丽接下来决定测试其他矿石，对所有已知的化学元素和简单化合物进行排查，经过对几百种物质的实验，她发现钍化合物也能够自发发出与铀射线相似的射线。这不是个别的现象，绝对不能忽视，因而她提出了“放射性”一词来描述具有这种特殊“辐射效应”的物质。皮埃尔被居里夫人的设想吸引，放下手中的工作参与到她的课题研究中，与她共同完成大量的实验和总结，一起攻克难关。实验显示，铜铀云母和沥青铀矿比纯铀的放射性要高得多，他们继而假设，在这些矿物杂质中可能存在含量极少且放射性极强的、不同于铀和钍的未知新元素。经过反复实验，他们发现了其中之一。1898 年 7 月 18 日，居里夫妇联名向法国科学院提交了研究报告《论沥青铀矿中的放射性新物质》，宣布成功搜索到“活性高于铀的新元素”，这也是历史上首次提到“放射性”一词。文章中写道：“我们相信，从沥青铀矿中提取出的物质含有一种迄今未知的金属，其分析性质类似于铋。如果这种新金属的存在被证实的话，我们建议将它命名为钋。”居里夫人之所以选择“钋”这个字，是因为它和她的祖国波兰具有相同的词根。这个从华沙走出的女孩儿从没有忘记自己多灾多难的祖国。随后，居里夫妇着手对实验所用的沥青铀矿的残留液进行分析，猜测其中仍可能含有另外的放射性物质。经过几个月的分离实验，在 1898 年 12 月 26 日，居里夫妇与合作者 G. 贝蒙特将合作的研究报告《关于沥青铀矿中含的一种新的强放射性物质》发表在《论文汇编》上，宣告发现了另一种新

故居楼梯

放射性元素，并提议命名为镭。

接下来的工作并不简单，要向科学界证实他们的结论，必须提取出纯化的镭。奥地利政府捐赠了好几吨沥青铀矿，但是玛丽用来做实验室的空间太小了。他们在巴黎市立理化学校内找到一间上漏下潮的破旧棚子，略加修整后就把他们的实验室搬到了这里。在这个棚屋里，他们度过了不分昼夜的4年。处理矿石是一项繁重的工作，必须制订将沥青混合料分离成化学成分的新方案。玛丽用一根几乎和她一样高的铁棍搅拌大坩埚中的沥青，经常工作到深夜。居里夫妇从几十吨铀沥青矿废渣中进行无数次的溶解、蒸发、分离和提纯，一刻不停歇的辛苦终于结出了灿烂的果实。经过45个月的艰苦努力，炼制了30多吨铀沥青矿渣后，他们终于一步步从氯化镭提取到了纯镭，并测定出镭的物理化学性质。1902年，居里夫妇发表论文《论镭的原子量》，宣布成功提取纯化镭，并测得镭的原子量为225。

居里夫人还发现，镭每时每刻都在产生氦原子并用强大的力量从自身中推出来，根据物质质量守恒定律，镭原子放出氦原子后，就不再是镭原子了，她由此为卢瑟福、索迪后来提出元素嬗变理论奠定了最初的基础。

1903年6月，玛丽·居里成为欧洲第一位获得物理学博士学位的女性。同年11月，居里夫妇和亨利·贝克勒尔一起被授予诺贝尔物理学奖，以表彰他们在理解原子结构方面的贡献。爱因斯坦高度评价居里夫人的科学贡献："她一生中最伟大的科学功绩，是证明放射性元素的存在并把它们分离出来——之所以能取得成功，不仅是靠着大胆的直觉，而且靠着在难以想象的极端困难情况下工作的热忱和顽强，这样的困难，在实验科学的历史中是罕见的。"①

奥斯卡终身成就奖得主、美国导演茂文·勒鲁瓦于1943年执导的

---

① 爱因斯坦. 爱因斯坦文集：第1卷[M]. 徐良英，范岱年，编译. 北京：商务印书馆，1976：346.

传记片《居里夫人》讲述了居里夫妇以科学为媒，相知相爱，共同探索、彼此扶持的传奇故事。电影中有一个感人的片段，夫妇二人在发现镭后，去往乡下休假。旅途中的皮埃尔坐立难安，他告诉居里夫人也许自己的生命就要走到尽头，而现在的休息是在浪费本来应该投入科研的时间。居里夫人错愕不已，她无法想象如何独自度过余下的生命，如何踏上没有皮埃尔的科学之路。居里夫人说：“如果我们中的一个死去了，留下的那一个也不会活着吧。”皮埃尔告诉她：“不，你说错了，不管发生什么事，即使失魂落魄，痛不欲生，也要继续从事研究。不管最后那条路上剩下谁，都要坚定走下去。”他们注视彼此的目光，诚挚动人，那是爱人之间深刻的默契，也是两个科学家灵魂的对望。而现实却给了这对爱侣最沉重的打击。

1906 年 4 月 19 日是一个雨天。皮埃尔·居里与同事共用午餐之后，急切地想与朋友会面。当到达道芬街的十字路口时，他试图快速地跑过马路，但不幸降临，雨雾之中他被背后的一辆马车撞倒，瘫在了冰冷的路面上。无情的马车车轮夺走了他的生命。

警察和记者来到居里夫妇位于凯勒曼大道的家，皮埃尔的父亲闻讯大哭，但居里夫人却面无表情，似乎什么也没有听到。在女儿们的拥抱和呼喊下，她终于崩溃了。皮埃尔以前告诉过居里夫人，他去世后不要举行特别的悼念活动。居里夫人遵照爱人的遗愿，举办了只有家人才能参加的私人葬礼，将他安葬在斯科的家族墓地里。葬礼结束之后，居里夫人独自久久地待在房间里，桌上摊开着共同做过的笔记——皮埃尔曾在她的笔记上写下许多鼓励她的留言，耳畔回响着丈夫的话语，这一切都让她痛不欲生。整整一年，她不停地给皮埃尔写着无法寄出的信件，诉说对他的思念之情，世界之大却没有地方让她愿意停留，只有待在他们共同的实验室里她才能获得片刻的轻松。她拒绝了法国政府支付的养老金，而接受了索邦大学的邀请，成为该学院第一位女教授，接替丈夫讲授物理学课程。她将之后在物理和化学领域的所有研究成果都自豪地与她丈夫的名字联合署名，因为她的爱人是她最初也是永远的合作伙伴。

她用直到生命尽头都不曾止息的热情去拥抱科学，实现了对丈夫的诺言：“研究下去，哪怕只剩孤单一人。”

家国情怀

有一种偏见认为，女性如果要投身某项事业，比如科学研究，就要抹去女性的特质；比如不能正常地打扮自己，也无法拥有家庭。但在居里夫人这里，“科学家”的身份代表着理智，“女性”则为理智本身增添了柔软动人的光芒。家庭与科学不是非此即彼不能相容的关系，事实上她对家庭和事业都不曾怠慢敷衍，热情和意志帮助她不仅能够在科学界实现自己的价值，同时也成为一位名副其实的贤妻良母、一个报效国家的优秀公民。

1898 年，刚刚有了大女儿的居里夫人，像普通的年轻母亲一样，心系孩子的生活细节和点滴成长。居里夫人在食谱书的空白部分，记录了用果子和冰糖为女儿做醋栗果冻的要点：“这样得到十四罐很好的果冻，不透明，可是凝结得很好。”翻开实验室的灰皮笔记本，可以看到她记录女儿生长情况的喜人变化。当时她刚刚发现了新元素钋，但是让她更为激动的显然是女儿伊蕾娜刚刚长出的乳牙，1898 年的 8 月 15 日，她写下：“伊蕾娜长了第七颗牙，在下面左边。不用人扶，她可以站半分钟呢。”[①] 她并没有因为科学研究而忽略对孩子的关爱，而是把自己儿时没能从体弱的母亲那里得到的疼爱，都加倍地倾注在孩子身上。

居里夫人不仅关心孩子的健康，在儿童教育问题上也有着自己独特的见解。她主张着重培养儿童独立发现问题和分析问题的能力，反对在长身体、认识世界的最好时光把孩子们死板地关在教室里。她和同为索邦大学教授的朋友们商议之后，把孩子们组织起来开了一个“学习班”，

---

① 居里．居里夫人传 [M]．左明彻，林光，译．北京：商务印书馆，1984：163.

由学者们轮流讲授自己所擅长的课程。当时，包括居里夫人的大女儿伊蕾娜在内共有10余个孩子在此学习。这种教育方法出其不意地获得了孩子们的喜爱，让他们对每门功课都兴味盎然。

孩子们最喜爱居里夫人教授的基础物理课，她的学生伊莎贝尔·夏瓦娜详细记录了当时物理课上的情景。为了让孩子们更容易理解，居里夫人用生活中随处可见的现象举例，比如，从水龙头里的水如何流出讲到水力抽气泵，从如何让一颗鸡蛋浮在水中讲到为什么万吨巨轮可以漂洋过海。孩子们由此发现科学的大道理原来就在触手可及的地方，个个乐在其中。此时，居里夫人不再是那个埋首实验室的严肃科学家，而是化身为一个睿智又温柔的物理老师，她用轻松诙谐的语言，让课堂上充满了欢声笑语。课堂上没有完备的实验设备，只有厨房用的天平、猪的膀胱，连气压表也是召集孩子们共同动手制作的，但正是在这个过程中，孩子们不仅提高了动手操作能力，也开始关注生活中的奇情妙事，以及自然界的各种现象。[①] 居里夫人认为，在面向儿童的科学教育中，应该通过生活中普通的实验手段，让孩子们在能力所及的范围内自主探究，成为自然的主人。从她课堂上走出的孩子很多都迈入了科学的世界：弗朗西斯·佩兰22岁进入物理学研究领域，1951年被任命为法国原子能委员会的高级代表；伊莎贝尔·夏瓦娜成为一位著名的化学工程师；而居里夫人的大女儿伊蕾娜则一直陪伴母亲左右，这个从不缺席的小助手一路成长为战场上熟练操控X射线机、协助母亲救助伤员的“小护士”，并同父母一样潜心科研，于1935年与丈夫约里奥共同获得了诺贝尔化学奖。

今天，居里夫人的画像张贴在世界各地的许多学校中，她衣着朴素，不施粉黛，精致的面容却难以掩盖。画像下方通常会写着她最著名的警句：“人要自信、自立并且有毅力，否则将一事无成。”这不仅是居里夫人对自己的要求，也是她对孩子们的期望。居里夫人在写给女儿的信里，

---

① 参见赵秀娥. 解读居里夫人的科学道路[D]. 南宁：广西大学，2006：24.

故居正门

鼓励女儿自信自立，告诉女儿这些是每一个志存高远者必备的品质，而模仿和依靠他人只会导致懦弱。作为母亲，她对孩子的爱不只是关心她们是否衣食无忧，更是将积极的态度、可贵的精神与孩子们分享。秉持着这样的理念，居里夫人认真做事，低调做人，用自己的一言一行给女儿树立榜样。曾有读者在报刊上了解了居里夫人的成就，前去拜访，在距离居里夫人家不远的地方，他碰到一位身着粗布衫，赤脚行路，在路边席地休息的妇人，于是上前询问方向，令读者大为惊讶的是，这位妇人竟然是他要拜访的居里夫人。朴素的衣衫难掩居里夫人沉静的美，她微笑淡然，目光灼灼，虽然生就美貌，却从不在意穿着打扮的居里夫人拥有与自然对话的内在之美，拥有纯洁的心灵和无比高尚的品格。小女儿艾芙·居里则在纪念母亲的《居里夫人传》中深情地写道，自己从来没有看到过那个作为声名显赫的大科学家的母亲，出现在她生活里的母亲一直是那个不善言辞、默默工作、专心于科学研究的女学者。

不仅在风雨飘摇、中年丧夫的困苦中独自养育孩子，守护自己的小家，居里夫人还时刻不忘对国家的责任。这个名叫玛丽亚的波兰女孩儿虽曾被迫远赴异国求学，但一直心系祖国科学事业的发展。居里夫人在法国攻读硕士学位期间，拿到了“亚历山大奖学金”——这是华沙政府用来奖励最优秀的学生、支持他们继续深造的奖学金。几年后，当居里夫人第一次接受法国工业促进发展协会的约请，进行技术研究时，她便立刻想方设法从津贴中省下 600 卢布，交付给亚历山大奖学金委员会，她期盼着，也许会有另外一个贫寒的女学生可以得到帮助。此后她也将自己的部分诺贝尔奖奖金用来资助波兰留法的学生。每一次在法国投稿科研论文时，居里夫人总会同时寄一份研究报告回国，与那里的科学界共同分享探讨最新的研究成果。1931 年，在居里夫人的倡议和努力下，华沙建成了镭学研究所。此后居里夫人也从未间断对研究所的支持和指导，并且将后来从美国获赠的第二克镭也捐给了华沙。

居里夫妇与其女儿

作为心有大爱的科学家，不只是眷恋着祖国，对第二故乡法国的兴衰乃至对全人类的命运，居里夫人都时刻不忘。1914 年，第一次世界大战在欧洲大地爆发了，当时正在镭研究所筹建实验室的居里夫人仿佛听到战场上千千万万士兵的哀号。她痛恨战争，因为故土波兰就曾多次被瓜分。居里夫人想借助科学的力量挽救受伤战士的生命，减少战争带给人们的痛苦。作为法国红十字会放射科的创始主任，她意识到，X 射线不仅可以定位骨折的位置，还可以帮助医生找到嵌在士兵体内的弹片并将其取出，这将大大提高对伤员成功救治的概率。法国的许多医院已经配备了 X 光设备，但遗憾的是，这些设备往往远离战场，无法发挥作用。

居里夫人把自己的想法与朋友和同事们进行商议，这些富有良知的知识分子即刻捐赠了一辆汽车，改装后可以装载 X 光设备。居里夫人又请求法国的 X 光设备制造商为战场上的英勇的青年人提供 X 光机器和便携发电机。到 1914 年 10 月，法国士兵称之为“小居里”的 20 辆汽车中的第 1 辆已经准备就绪。

尽管居里夫人曾在索邦大学讲授 X 射线的相关知识，但她并没有将其运用于医疗的实际经验。她立即去参加了关于如何操作设备以及人体解剖学的速成课程，便于准确地分析 X 光片。她还学会了驾驶汽车和修理汽车。1914 年 10 月，在她 17 岁的女儿伊蕾娜和一名军医的陪伴下，居里夫人前往前线。在不到两年的时间里，战场上配备的 X 光设备数量大大增加，而她的女儿和女婿——小居里夫妇则在镭研究所设立了一个培训项目，教其他妇女操作设备。“我和诺贝尔一样认为，人类从新发现中得到更多的是善而不是恶。”居里夫人如是说。就是这个身材瘦小、头发花白的老妇人，开着载有 X 光设备的车，一次次奔向那些需要救治的士兵，挽回了不计其数的年轻生命。居里夫人已把法国看作自己的第二故乡，不能眼睁睁地看着它遭受战争的践踏，她想要倾尽自己所有的财产来支持正义的战争——她提出要把多年来被授予的包括两枚诺贝尔奖章在内的所有奖章作为金银捐给法国政府，但法国国家银行谢绝了她的请求。她仍然执意用她的大部分诺贝尔奖奖金购买了法国战争债券。在人类命运的危亡时刻，居里夫人没有选择待在象牙塔里，虽然只是一个手无寸铁的弱女子，但她用最有力的科学知识和热爱和平的金子般的灵魂，与战争对抗。

1996 年，欧盟创立了以居里夫人名字命名的玛丽・居里行动计划。该行动计划认为，卓越的科学生涯源自研究人才的国际化发展，因而致力于推动科研人才全球性的交流和流动，并且设立奖学金，鼓励、资助科研人员的培训和交流，为他们创造富有吸引力的竞争环境。在这个行动计划中科学无国界的理念与居里夫人的品格一脉相承。居里夫人的一生就是一个科学的梦想实现的过程，但她不愿独享荣耀，这位瘦弱的女性将心中的爱，无怨无悔地交付给家人、社会，以及整个世界。

研究不辍

近代科学于16至17世纪在欧洲诞生，从一开始，科学界就驱逐女性及其文化，排斥女性在科学上的努力。虽然要求男女平等的女权主义运动已经于19世纪第一次大规模兴起，但是“男性在各个方面都天然强于女性”的观念在社会上仍然根深蒂固。直到居里夫人生活的19世纪末20世纪初，放眼科学界乃至整个社会，女性想要谋得体现自身价值的职位都异常困难，更别说在专业领域崭露头角。她们常常受到无故的拒绝和贬低，居里夫人也饱尝了这种性别歧视。

1910年，她发表了一篇长达91页的关于放射性的论文。然而，科学界的一些人仍然认为她不具有和男性科学家一样平等的资格；她于同年申请加入法国科学院（皮埃尔·居里也曾是该学院的成员），但被否决。该学院的物理学家埃米尔·阿玛加特称，女性没有资格进入法国科学院。在那个时代，很少有女性能参与到科学研究中来，更不用说有所成就了。正如历史上许多杰出的女性人物一样，她们的成就和贡献往往被忽视或低估。在任何一本发黄的历史书中，这些成就和贡献只是褪色的印记，被隐匿于男性的丰功伟绩之下，难以逃离被忽略的命运。

居里夫人没有放弃，她在写给哥哥的信里说：“人们永远不会注意到已经做了什么，我们只能看到还有什么事要做。”就是在这样的信念支撑下，她没有臣服于社会和科学界的偏见，而坚定地在科学研究的路上继续走了近30年。1911年，在丈夫皮埃尔去世5年后，居里夫人因发现钋和镭元素而又一次获得诺贝尔化学奖。她在领奖的致辞中，深情地回忆了上一次和丈夫一起来斯德哥尔摩领奖的日子，也感谢他曾给自己的帮助。事实上，第一次获奖前诺贝尔奖评审委员会反对将一名女性列入获奖者行列，但皮埃尔·居里则坚称最初的研究构想是玛丽的，是她提出了放射性的理论并且在研究中不懈努力，这让评审委员会不得不承认居里夫人的不凡成就。

故居前大街

生活中的居里夫人，从来不为利益所动，名声所累。成功提炼出镭以后，闻讯而来的商人想要和她商谈关于镭的技术专利的问题，希望用重金从她手中买下相关专利，她却一一婉言拒绝。她宣称镭是属于全世界的，她没有理由据为己有，之后更将镭的提炼方法公之于众。她视名利如浮云，知识与自然才是她最想去参透的。爱因斯坦曾评价她说："在我认识的所有名人里，居里夫人是唯一不为盛名所累的人。"

第一次世界大战结束后，想要继续专注于科学研究的居里夫人团队，面临着经费不足的窘境。其实，很多人都对她 18 年前放弃镭的专利权表示不解，只要一个签字，她和孩子们就可以不用继续过清贫日子，而她的研究计划也可以无忧地进行。这位坚强的母亲和科研工作者后来在自己的自传中回答了这个问题："他们所说的并非没有道理，但我仍相信我们夫妇是对的。人类需要勇于实践的人，他们能从工作中取得极大的收获，既不忘记大众的福利，又能保障自己的利益。但人类也需要梦想者，需要醉心于事业的大公无私。"

在困难面前，居里夫人没有裹足不前或是干脆放弃，而是努力通过各种途径为镭研究所筹措研究资金。1921 年，她应邀前往美国参加一系列表彰和交流活动。她到卡内基家中参加晚宴，出席各种庆典。包括耶鲁大学、芝加哥大学在内的数十所学院和大学授予她荣誉，各个学会也纷纷为她举办纪念活动。身处人群中的居里夫人衣着朴素,笑容羞涩，和那个在实验室里自由自在的她判若两人，她像一个旁观者，观看着忙碌的众人。

居里夫人还接受了时任美国总统沃伦・甘梅利尔・哈定的会见。总统在讲话中称赞她在科学领域所取得的巨大成就，并说她是女性中最优秀的：“我们把一代代男人习惯于给予高贵的女人、无私的妻子、忠诚的母亲的爱的见证放在你的脚下。”玛丽・居里从来都不是那么容易被理解和归类的。那是因为她是一个先驱者，一个局外人，因为她的不凡的成就，也因为她的性别。居里夫人奋斗在一个充满创新的时代，但那个时代的女性往往被贴上多愁善感、孱弱无力的标签，并被科学界不公平地对待。然而居里夫人向这一切勇敢地抗争，她做到了。在此后的近 1 个世纪里，世界各地的学校、图书馆、科研机构展厅里，她的照片和

1927 年索尔维会议（前排左三为居里夫人）

铜像与其他所有伟大的男性展陈在一起，她不仅是一个伟大的科学家，更是一个伟大的女科学家。美国总统在居里夫人回国前赠送给她 1 克美国民众捐资购买的镭，在这之前，美国记者麦隆内夫人在全美妇女中奔走宣传居里夫人的事迹，妇女组织也为她筹集了 1 克镭。在赠送仪式之前，当她看到“赠送证明书”上写着“赠给居里夫人”字样时，坚决提议进行修改。“这是给科学的捐赠，而不应该属于我个人。”居里夫人就是这样，她的名字不只因为辉煌的成就，更因为闪光的道德而被永远镌刻在人类历史的纪念碑上。

返回研究所之后，居里夫人的日程表里依然没有“休息”二字，她像初到法国、在寒冷的阁楼上彻夜学习的那个女学生那样，想要抓住生命中的分分秒秒，与自己的同事、学生在实验室里快乐地鏖战。从第一次世界大战之后，居里夫人重返镭研究所指导实验工作，至 1934 年居里夫人离世，镭研究所共发表了 483 项科学报告、34 篇论文，她亲自参与了 31 项研究。直到生命结束前的一个多月，她仍然驻守在实验室里。1934 年 7 月 4 日，她死于再生障碍性贫血，这种血液疾病的病因之一就是身体经常暴露于辐射中。但关于辐射对健康的影响，当时人们并不清楚。在居里夫人离开后，人们整理她的物品时，发现她的衣服和常用的笔记本上，都有大量残留的辐射痕迹。居里夫人将自己的一切都贡献给科学事业，她捐献出自己的遗体来支持对这种恶性血液病的研究。《纽约时报》称她为“科学的殉道者”，作为一个“谦逊的女性”，她“为人类的整体福利做出了更多贡献”。加州理工学院校长、物理学家罗伯特·米利根发表了一份公开声明：“尽管她将自己的整个生命毫无保留地投身于科学工作，她仍然将如此多的时间致力于和平事业……她身上体现了女性最单纯、最亲切、最完美的美德。”居里夫人被葬在她的爱人皮埃尔·居里的旁边，时隔 30 年，这对支撑彼此、无悔投身科学的爱侣终于永远在一起了。1995 年，他们的遗体与法国其他最伟大的公民一起被安葬在巴黎的先贤祠里。

1935 年 11 月 23 日，居里夫人的悼念会在美国纽约市罗里奇博物馆举行，会上，爱因斯坦为居里夫人深情致辞。居里夫人和爱因斯坦相识于1911年布鲁塞尔举办的首届国际物理学大会，自此二人开始了长达20年的深厚友谊。回首往日岁月中居里夫人的一言一行，爱因斯坦充满崇敬地说道："她的坚强，她的意志的纯洁，她的律己之严，她的客观,她的公正不阿的判断——所有这一切都难得地集中在一个人身上。她在任何时候都意识到自己是社会的公仆，她极端谦虚，永远不给自满留下任何余地。居里夫人的品德力量和热忱，哪怕只要有一小部分存在于欧洲的知识分子中间,欧洲就会面临一个比较光明的未来。"①同为科学家的爱因斯坦没有赘述居里夫人在科学上为人类做出的贡献，因为这种伟大已无须多言，他想让世界铭记居里夫人那不凡的道德品质，因为这位女性的生命光辉曾无声地浸润了她所处的时代。

世界各国都将为民族做出过卓越贡献、产生过巨大影响的人物印在货币上。而将科学家的头像印在纸币上，不仅有重要的科学启蒙意义，更是体现了对科学家及其成就的尊重。玛丽·居里，是唯一被印在两个国家纸币上的科学名人。在法国，她和丈夫皮埃尔·居里的头像一同出现在了面值为500法郎纸币上。而后她的祖国波兰为了纪念这位优秀的女儿，将她的头像印在了面值为20000兹罗提的纸币上。一个世纪后的今天，全世界的人民都熟知居里夫人的故事，铭记那曾经默默闪耀的灵魂。居里夫人以卓越的科学才能、高尚的道德和令人惊叹的人格魅力，谱写了光辉的人生乐章。

"生活中没有什么可怕的，只有需要理解的东西。现在，是时候多了解一些，这样我们就可以少些恐惧。"居里夫人曾这样说。她的生命中也曾有过无法言说的恐惧，幼年丧母，青年艰苦求学，中年丧夫，社会的偏见，科学界的压制，直到患病离开，她从来没有被生命中的伤痛

① 爱因斯坦. 爱因斯坦文集：第1卷[M]. 徐良英，范岱年，编译. 北京：商务印书馆，1976：339-340.

和恐惧击败。她从一开始就知道科学是属于自己的道路，于是坚定地选择了它并且矢志不渝，不论贫困、战争、伤痛多少次想要击溃她，她都顽强地进行了回击。科学和爱是她梦想中最珍贵的光，于是她用 67 年走过追光者无怨无悔的一程，拂一拂衣袖，把光的种子留给了身后的世界。

（撰稿：肖明珊）

参考文献

爱因斯坦. 爱因斯坦文集：第 1 卷 [M]. 许良英，范岱年，编译. 北京：商务印书馆，1976.

居里. 居里夫人传 [M]. 左明彻，林光，译. 北京：商务印书馆，1984.

塞格莱. 物理名人和物理发现 [M]. 刘祖慰，译. 北京：知识出版社，1986.

赵秀娥. 解读居里夫人的科学道路 [D]. 南宁：广西大学，2006.

爱因斯坦

拥有 800 多年历史底蕴的瑞士名城伯尔尼像从中世纪走来的少女，散发着浪漫而又神秘的气息。它经久不衰的魅力不仅源自其绝妙高超的制表工艺、主题各异的喷泉、红瓦白墙辉映的房屋、铺满圆石的优雅街道、贯穿城市的拱廊，也缘于物理学巨匠爱因斯坦曾在这里度过了人生中最美好、最平和、最辉煌的日子。每年都会有大量游客涌入这座静谧的城市，在爱因斯坦故居零距离感受他的伟大与平凡。1900 年，告别校园生活走向社会的爱因斯坦在求职之路上到处碰壁，在求职屡屡被拒的打击以及饥寒交迫的生存危机中，他开始了一段流浪生活。对于爱因斯坦而言，伯尔尼是一座带给他幸运的城市。爱因斯坦的同学马塞尔·格罗斯曼得知他的境遇后，主动通过自己父亲的关系，将爱因斯坦介绍到伯尔尼的专利局。1902 年 6 月，经过严格的审核，他终于得到专利局三级技术员的职位，这份工作将他从与贫困、焦虑艰难斗争的困境中解救出来，没有了生活顾虑，他在物理学领域一路驰骋。爱因斯坦在伯尔尼生活了 7 年之久，不仅在物理学领域钻研出许多成果，而且曾任教于伯尔尼大学，时至今日，这都让伯尔尼引以为荣。1905 年，他提出狭义相对论，取得了极为瞩目的成就，这一年也因此被人们称为“爱因斯坦奇迹年”。他震古烁今的成就由此奠基，他逐步成为可以与牛顿比肩的科学巨人。英国著名物理学家威廉·汤姆生在展望 20 世纪物理学前景时说道：物理学大厦已经建成，只剩下一些简单的修饰工作，但是在动力理论晴朗的上空却笼罩着两朵乌云，一朵关于光的波动理论，一朵关于涉及能量均分的麦克斯韦－玻尔兹曼理论①。爱因斯坦相对论的发现驱散了困扰物理学界的第二朵乌云，对时间、空间等概念进行了重新界定，将一种全新的宇宙观展现在世人面前。经过残酷的历史检验，这些发现的正确性被不断证实，并被成功运用到人类实践之中。如今，相对论在航空航天等领域均发挥着重要的作用。

1955 年 4 月 18 日凌晨，爱因斯坦在美国普林斯顿因主动脉瘤破裂去世，走完了他 76 年的光辉岁月。按照爱因斯坦生前的遗愿，逝后不要坟墓，不要墓碑，骨灰撒进德拉瓦尔河。德国著名物理学家马克斯·冯·劳厄曾这样评价爱因斯坦：“对于人文价值的尊重、自身品格的谦逊，以及在对一切自负表现的厌恶方面，应该没有人可以超过他；任何有幸亲近过爱因斯坦的人，对此都是熟知的。”②的确，爱因斯坦的卓尔不凡不是其物理领域取得的成就能概括的。回望历史，那位身着黑色大衣款款走来的绅士，凛然坚定而又自信和善。无论岁月怎样淘洗，都洗刷不掉他对宇宙的探索、对孤独的拥抱、对和平的追求，这一切都值得我们跨越时光的长河，紧紧追随。也许对爱因斯坦来说，科学成就、精神遗产是他最好的墓志铭和纪念碑。

---

① 参见马来平. 科学日记 [M]. 济南：山东科学技术出版社，2005：141.

② 爱因斯坦. 爱因斯坦文集：第 1 卷 [M]. 许良英，赵中立，范岱年，译. 北京：商务印书馆，1976：132.

物理天才

1879年3月14日，爱因斯坦出生在德国的乌尔姆镇。这个新生命给父母带来了深深的忧虑：他头部肿胀并且后颅骨形状怪异，体重比一般的婴儿重了很多。幸运的是，爱因斯坦正常健康地成长，并对周围的事物表现出极大的好奇和热情。有一次，5岁的爱因斯坦生病卧床，整日闷闷不乐。为了让他保持好的心情，父亲赫尔曼送给他一个精致的指南针。脾气暴躁的爱因斯坦一改往日摔东西的习惯，举着指南针左右摇晃，翻来覆去地研究，想要探究其中的奥秘：究竟是什么力量促使指针始终指向北呢？小学时，爱因斯坦就在数学和拉丁语方面表现出极高的天赋。爱因斯坦家里继承了欧洲犹太人家庭的慈善传统，接济了一位贫困学生塔尔迈，每周四爱因斯坦都会与塔尔迈探讨数学、哲学方面的问题，以及科学领域最新的进展和发现。爱因斯坦的叔叔雅各布偶尔也会参与他们的讨论，并给爱因斯坦准备一些颇有难度的数学题。在这样的启蒙教育下，爱因斯坦对科学产生了极大的兴趣，以此为起点，开始了他在物理学领域的跋涉。

1897年，爱因斯坦进入苏黎世技术学院学习，他自由散漫、桀骜不驯的表现招致了很多老师的不满。除此之外，他对物理和数学两门学科的态度截然相反，甚至可以说，他对数学的轻视，很大程度上来自对物理学的痴迷。他常常放弃数学课，而自学经典电动力学创始人麦克斯韦的电磁理论。

在此求学期间，爱因斯坦邂逅了他的第一任妻子、同班同学米列娃。他们的恋情从一开始便遭到同学和家人的强烈反对。出生在匈牙利南部巴克斯卡的米列娃不仅比爱因斯坦年长4岁，而且实在是其貌不扬，接触不多的人甚至会觉得她性情阴郁、敏感多疑，并且由于天生的髋关节错位，米列娃走路姿势很难看。同学和家人所不知道的是，促使爱因斯坦深爱米列娃并最终与之结为伉俪的真正原因，在于米列娃身上表现出的超凡的物理才华，以及作为一个女性反抗世俗观念坚持学习物理学的钢铁般的意志。痴迷于物理学的爱因斯坦深深地着迷于米列娃的聪慧，以至于一想到他们俩将作为学者共同进行研究，他就欣喜若狂。事实上，米列娃的确在爱因斯坦前期的物理学研究中起到了举足轻重的作用，两个人之间的科学探讨逐渐衍生出许多理论的雏形。

爱因斯坦于 1902 年开始了他在专利局的工作，任务是和另外 12 个评审员从眼花缭乱的专利申请书中挑拣可行性强的发明。虽然职位低、工资少、工作繁重，但他从不抱怨，因为在审核发明申请书时，各式各样的创造性思维总能与他的思想发生碰撞，给他带来启发。令人欣慰的一点是，他可以任意支配工作之余的时间，有足够的精力从事自己的研究。在与米列娃举办完婚礼后，爱因斯坦依然专注于物理学研究，并且频繁地与一些志趣相投的朋友约定在彼此家里或户外进行交流、辩论。为了调侃那些思想固化的科学院院士，他们称自己的小团体为“奥林匹亚科学院”。在一次次的思想交锋中，爱因斯坦完成了几篇关于热力学、电磁波理论等研究方向的论文。1904 年，他和米列娃欣喜地迎来了他们的第一个儿子——汉斯。爱因斯坦是一位尽职尽责的好父亲，没有因沉迷科学研究而对孩子不管不顾。在午后悠闲的时光里，爱因斯坦总会带着小汉斯到街道上透透气，接受大自然馈赠的新鲜空气和迷人风景，享受这难得的亲子时光。他机智地运用科学的智慧，创造了一个又一个看护孩子与科学研究两不耽误的“妙招”。据一位曾到

爱因斯坦故居（瑞士伯尔尼）

爱因斯坦家做客的人讲述，一进入房间，旱烟味、尿臊味以及木柴燃烧的味道便扑鼻而来，让人喘不过气来。在火炉旁边，晾挂着一件件新洗的衣物。在这些障碍物的深处，爱因斯坦正心无旁骛地读着书，并时不时地用脚晃动摇篮。潜心研究的爱因斯坦不会错失任何一个可以进行研究的机会，他时常会把婴儿车当作自己的移动书桌，每当灵感闪现，他便从毛毯里取出笔记本奋笔疾书，为理论的形成添砖加瓦。

功夫不负有心人，1905 年爱因斯坦以一种颠覆性、破坏性的方式在物理学界引起轩然大波。1905 年 3 月，他发表文章《关于光的产生和转化的一个启发性观点》，首创光量子假说，将普朗克的能量子概念从辐射发射和吸收过程推广到光在空间中的传播过程。他的理论解决了光电效应问题,成功推导出光电子的最大能量与入射光频率之间的关系，即光电效应定律。这一定律又称“爱因斯坦光电效应方程”，首次完整地揭示出光子的波粒二象性，推动了量子论的发展。5 月，在苏格兰植物学家罗伯特·布朗的研究启发下，他完成了文章《从分子运动论看平衡液体中悬浮微粒的运动》，他的发现提供了分子无规则热运动以及物质中原子存在的证据。同时，他还创造了一种统计原子运动的统计学方法，推动了统计物理学的发展。此后，法国物理学家佩兰在实验中证实了爱因斯坦的这一理论假设。6 月，他头脑里的风暴终于风平浪静，完成论文《论动体的电动力学》，这是他引起最大轰动的一篇

故居外街景

故居窗台

论文。在论文中，他向已经存在两个世纪的牛顿宇宙观宣战，提出了完整的狭义相对论，开创了物理学研究的新纪元。在牛顿的宇宙观中，空间是一种固定的、充满以太的物理实体，时间则以永恒绝对的方式流向未来。通过直觉经验和数学推算，爱因斯坦发现了牛顿观点中的缺陷。为什么停在火车站的火车上的乘客会有火车开动的错觉呢？只有找到一个静止的事物作为参考，乘客才能感觉出哪列火车在行进。爱因斯坦认为，这是相对运动带来的，在他的宇宙图景中，恒星、行星及星系彼此间都在做相对运动。这样，爱因斯坦就推翻了牛顿的绝对空间的概念。那绝对时间是否成立呢？身处于纽约和加利福尼亚的两个人在打电话时，尽管显示时间分别是晚上七点和下午四点，但他们都认为这是合理的，这是因为他们在同一个星球，依据的是相同的天文系统。那么，当我们和另一个天文系统中的生物进行交流，情况又会是怎样的呢？有一次，爱因斯坦坐在街车上回头瞥了一眼钟楼，他突然想到，如果街车是以光速在运动的话，自己此时看到的钟楼上的钟应该是静止不动的，而口袋里的手表则仍照常速走动。这不经意间的回头一瞥，进一步证实了他的新发现，即当物体以接近于光速的速度运动时，对于每一个人来说时间都是不同的。

他的新理论推翻了绝对时间的概念，认为任何人都不能把自己主观感觉的“现在”适用于整个宇宙，每个参照物都有其特定的时间。当我们“现在”凝望半人马座 α 星时，我们看到的实际上是它 4.3 年前的样子。狭义相对论的问世，使人类对时间、空间和物质运动的认识发生了革命性转变，这一巨变在当时很多人看来都是不可思议、匪夷所思的，但事实证明爱因斯坦这一不容小觑、空前绝后的发现是正确的。

当人们对相对论众说纷纭时，爱因斯坦丝毫没有受到影响，继续深入研究，试图将思想的轨道拓展到更远的地方。他在写给哈比希特的信中说道："如果将相对性原理和麦克斯韦方程结合起来，则要求质量直接成为物体所含能量的量度。光在传递着质量，放射现象必然导致质量的显著减少。这种想法很有趣，也很容易使人发笑，但我不知道上帝是不是不会嘲笑它，或者说欺骗了我。"①不久，他将自己的想法写成了一篇3页纸的论文《物体的惯性与它包含的能量有关系吗？》。然而，上帝好像真的欺骗了他，论文在当时著名的杂志《物理学年鉴》上发表后便石沉大海，没有引起人们的注意，后面的几期杂志上也没有见到任何评论。"一个人的真正价值首先决定于他在什么程度上和在什么意义上从自我解放出来"②，抱有坚定人生信念的爱因斯坦当然不会被眼前的冷落打败，他的科学探索的脚步从来没有停止，不久，他将会把更大的奇迹带给世人。

宇宙探秘者

为了更便利地接触更多的科学同事和一流的天文学家，1913年12月，爱因斯坦正式接受邀请，前往柏林工作。一腔热血蓄积于胸中，预感到马上要逼近宇宙真相的爱因斯坦将德国参战的现状、与儿子们分离的痛苦、与米列娃争吵的烦闷一并屏蔽在自己的研究世界之外，全身心地开始了下一阶段的科学突破。

1915年11月25日，爱因斯坦完成论文《引力场方程》，标志着广义相对论的诞生，翌年3月20日他完成总结性论文《广义相对论基础》。同一年，他又将55页的论文整理成一本书——《关于狭义相对论和广

---

① 布莱恩. 爱因斯坦全传[M]. 杨建邺，李香莲，译. 北京：高等教育出版社，2012：105.

② 爱因斯坦. 爱因斯坦文集：第3卷[M]. 许良英，赵中立，张宣三，译. 北京：商务印书馆，1979：35.

故居内厅

义相对论：一种通俗的阐述》，提出引力是宇宙几何性质的一种体现，物体的存在导致空间发生弯曲，在这样的空间内，物体沿着阻力最小的最短路径运动，并且物体的质量与空间的弯曲程度成正比。物理学家玻恩认为，爱因斯坦的理论无疑是“一件伟大的艺术品，同时也是人类探索自然的伟大功绩，是哲学的洞见、物理直觉和数学技巧的完美结合”[①]。

从狭义相对论的建构到广义相对论的突破，爱因斯坦用了8年，在此期间他经历了很多曲折，但他都不曾放弃科学探索，他乐观地认为“大自然只把狮子的尾巴显露给了我们。但我确信无疑，狮子是个庞然大物，尚不能立即全部显露在我们眼前”[②]。他永远走在同时代人前面，在很多问题上展现出天才的敏锐。1907年，爱因斯坦在试图推广狭义相对论时发现了其中存在的缺陷，因为狭义相对论只适用于物体没有引力作用的假想宇宙中，那引力存在的情况下物体又会怎样呢？顺着

① 布莱恩. 爱因斯坦全传 [M]. 杨建邺，李香莲，译. 北京：高等教育出版社，2012：142.
② 爱因斯坦. 爱因斯坦全集：第5卷 [M]. 范岱年，译. 长沙：湖南科学技术出版社，2009：557.

这一思路思考下去，他得出了等效原理，即引力和加速度作用下的两种运动是等价的。1912 年，他继续“窥探上帝的思想”，认识到必须用 10 分量度规张量描述引力场，这是迈向广义相对论的重要一步。1913 年，他又与瑞士数学家格罗斯曼共同提出“纲要理论”，在合作期间，爱因斯坦对数学产生了前所未有的敬意。1915 年，在朋友的帮助和论敌的夹击下，爱因斯坦终于得出了人生中“最得意的思想”，推导出引力场方程。

婴儿摇篮

列宁曾说 :“神奇的预言是神话、科学的预言是事实。”[①]爱因斯坦的广义相对论完美地解释了水星近日点运动，他提出的很多预言如引力红移、光线偏折、雷达回波延缓、星体自转轴、引力波等都在日后的实验中得到验证，“并在天文学、宇宙学、黑洞和时空理论等方面得到了应用”[②]。1935 年，年轻的印度物理学家苏布拉马尼扬·钱德拉塞卡在广义相对论和量子力学的基础上，“计算出极大质量恒星在生命终结时是不稳定的，并且会坍缩形成黑洞——黑洞这个词是 10 年以后发明的”[③]。这一发现尽管一经面世便遭到许多攻击，但最终得到人们的普遍认可，发现者钱德拉塞卡更是因此获得了 1983 年的诺贝尔物理学奖。时至今日，人们对黑洞的兴趣仍有增无减。此外，广义相对论的影响还表现在大众的日常生活中，正是因为爱因斯坦提出的时间膨胀效应，即时间在

① 列宁. 列宁选集：第 3 卷 [M]. 北京：人民出版社，1972：576.
② 赵峥. 爱因斯坦与广义相对论 [J]. 物理，2015，（10）：655.
③ 邓雪梅. 爱因斯坦的里程碑 [J]. 世界科学，2015，（4）：6.

引力场中会减慢，距离引力场越近，时钟走得越慢，GPS 导航在运作时才会注意到必须确保卫星上的时间与地面保持一致，这样就能保证接收设备准确接收到来自卫星的无线电信号。

关于广义相对论的发现，爱因斯坦的第二任妻子爱尔莎讲述了一件极为有趣的故事。一天早上，爱因斯坦穿着睡衣从楼上走了下来，望着餐桌上丰盛的早餐，他觉得索然无味，因为他全部的注意力都集中在自己的“一个奇妙的想法”上。他踱步到钢琴前坐下,边喝咖啡边弹钢琴。其间停下手中的动作，嘴巴里却总是反复念叨：“我有了一个奇妙的想法！”仿佛只要再给他一点时间，科学发现便呼之欲出了。过了一会儿，爱因斯坦返回自己的书房，并叮嘱家人不要打扰他，三餐按时送到书房里。只有到了晚上，他才稍加休息，在外面散散步。两周后的一天清晨，爱因斯坦满脸憔悴地走下楼梯，把两页写着密密麻麻内容的手稿放到餐桌上，说道：“总算完成了！”这两页手稿写的便是广义相对论。

1917 年，战时的紧张状态将人们压得喘不过气来。爱因斯坦把时局的高压和对孩子们的思念转化为科研动力，在 1 年之内完成了 10 篇科研论文和 1 本关于相对论的科普书。然而，长时间的辛苦工作会摧残人的身体与精神。到了秋天，爱因斯坦突然腹痛难忍，两个月内体重竟

故居展室

然骤降 56 磅（1 磅约为 0.45 公斤）。经医生诊断，饮食不规律导致他得了胃溃疡。此后，身体虚弱的爱因斯坦只能暂停工作，躺在床上疗养，由爱尔莎来照顾他的日常饮食起居。但是，即使在这种情况下，他还是难以抑制自己对科学的热爱，经常坚持长时间工作。有一次，他甚至独居房内 3 天，不允许任何人打扰，就连照顾他的爱尔莎也只能把准备好的饭菜放在门外。躺在病床上的爱因斯坦最终推导出了引力辐射的四元公式。

1922 年，爱因斯坦因为对理论物理学的贡献，尤其是他发现的光电效应定律获得了诺贝尔物理学奖。早在 1910 年，他就首次被提名为诺贝尔物理学奖候选人，但由于反对犹太人的德国物理学家勒纳的百般阻挠，以及当时诺贝尔奖评审委员会对相对论的不理解，时隔 12 年，爱因斯坦才获得此殊荣。

爱因斯坦一直坚信宇宙是和谐的，在完成广义相对论后，他开始了统一场论的探索，试图将电磁力和引力、相对论和量子论统一起来，构建宇宙最高的和谐秩序，这是他后半生一直致力的事业。在很多人眼中，爱因斯坦的统一场论是一场唐·吉诃德式的悲剧，因为在这场探索中，他耗费 20 多年的时间，却始终陷入“希望—失败”的死循环中。1949 年，他推算的统一场论方程式经检验证明无法推导出电磁场的方程式，这宣告了他的统一场论梦想的破灭。尽管如此，他的探索为后世物理学家指明了研究方向，许多科学家在他的启发下取得了研究成果，例如，著名物理学家杨振宁和他的学生米尔斯创立了“杨-米规范场方程”。更为重要的是，爱因斯坦对宇宙和谐美的追求以及对科学坚定不移的探索，为后世研究者树立了一座标杆。任何困难都无法吞噬一个科学家磐石般的意志和至高至纯的理想。未来人们会秉持着他的科学信念与风格，征服一座座科学高峰。

恰如赖欣巴赫所说，“爱因斯坦的工作比许多哲学家的体系包含着

写字台

更多的固有哲学”。[1]在长期的科学研究中，爱因斯坦对科学有着自己独有的哲学反思。“科学就是一种历史悠久的努力，力图用系统的思维，把这个世界中可感知的现象尽可能彻底地联系起来……通过构思过程，后验地来重建存在。”[2]科学家的任务是通过逻辑推理，落实到世界的经验事实上。同时，科学不是零散无章的,它是一个需要科学家潜心探究的整体。爱因斯坦认为，在理性面对科学客观性的同时，也不能忽视科学家在这一智力游戏中的主观能动性。作为一个有良知的科学工作者，爱因斯坦尤为重视科学与社会、教育、文明的关系。科学发展的目的是造福人类，每一位科学家都当以此为己任。爱因斯坦富有启发性的科学观是他留给后世的一笔宝贵财富，也是科学研究者走上科学之路必备的指南针。

爱因斯坦在科学领域的巨大成就使他声名大噪，成了众人和媒体追捧与热议的对象。很多父母纷纷为自己新生的孩子取名为爱因斯坦，甚至出现了一种爱因斯坦牌的雪茄。但是，爱因斯坦本人特别讨厌个人崇拜，在他看来：“找出一个人，赋予他超人的智慧和品格，无限地崇拜起来，这实在不公平，甚至令人倒胃口。我的命运就是如此，公众对我的能力和成就的估计大大超过实际，让人觉得怪异。”[3]他尤为向往简单质朴、没有拘束的生活，坚信“人是为别人而生存的——首先是为那样一些人，我们的幸福全部依赖于他们的喜悦和健康；其次是为许多我们

① 李醒民．爱因斯坦科学哲学思想概览［J］．哲学动态，2000，（3）：15.

② 爱因斯坦．爱因斯坦文集：第 3 卷［M］．许良英，赵中立，张宣三，译．北京：商务印书馆，1979：181.

③ 布莱恩．爱因斯坦全传［M］．杨建邺，李香莲，译．北京：高等教育出版社，2012：205.

爱因斯坦的部分遗物

所不认识的人，他们的命运通过同情的纽带同我们密切结合在一起……我必须尽力以同样的分量来报偿我所领受了的和至今还在领受着的东西”。[1]1933 年，爱因斯坦受邀来到普林斯顿大学任职，在参观研究院办公室时，院方负责人询问他还有什么需要的东西，爱因斯坦环视一周，幽默而谦虚回答说："一张书桌或写字台，一把椅子，纸和铅笔。啊，对了，还得有一个大的废纸篓……这样我可以把我所有的错误扔掉。"[2]

科学是造福人类的工具，爱因斯坦从不把自己在科学上取得的成绩当作炫耀的资本，可以说，他是个不像伟人的伟人。

和平斗士

经历两次世界大战，爱因斯坦目睹了科学技术在其中扮演的负面角

① 爱因斯坦. 爱因斯坦文集：第 3 卷 [M]. 许良英，赵中立，张宣三，译. 北京：商务印书馆，1979：42.

② 爱因斯坦. 爱因斯坦文集：第 3 卷 [M]. 许良英，赵中立，张宣三，译. 北京：商务印书馆，1979：379.

色。战争带来的满目疮痍使他意识到，寻求和平之路固然艰辛，但势必为之。他对“任人支配的英雄主义、冷酷无情的暴行，以及在爱国主义名义下的一切可恶的胡闹”[①]都深恶痛绝。

1914 年，德国对中立国比利时发动战争，在国际上引起轩然大波。德国宣传机构极力掩饰这种暴行，动员 93 个知识分子签署一份强称该行动出于军事需要的声明。这份声明谎称他们的敌人是俄国游牧部落，那些人率领蒙古人和黑人与白人对抗，并且宣称，正是德国的武装抵抗才使德国文化得以保全。但是，有良知的知识分子对这份颠倒黑白、践踏和平的声明并不买账，柏林大学的生物学家乔治·弗里德里希·尼克莱起草了一份呼吁结束战争、拥抱和平、建立一个统一的欧洲的声明，邀请 100 位知识分子签字，但结果是只有 4 人在上面署名，这其中就包括爱因斯坦。次月，爱因斯坦加入了一个致力于和平事业的政治团体——“新祖国同盟”，在整个战争期间，他都积极投身于德国的地下反战活动。作为一个有良知的科学家及和平主义者，他鼓励那些真正的和平主义者“用现实主义的方式来思考问题，他们必须大胆地努力做点多少对和平主义事业有实际价值的事情，而不应当仅仅满足于拥护和平主义的理想”[②]。

第一次世界大战结束后，爱因斯坦对建立一个确保无战争的超国家政治组织充满热情，为了实现这一梦想，他奔走于各个国家之间，企图消解人们之间因战争带来的仇恨与创伤。然而仅凭一己之力实在无法与肆虐的法西斯逆流相抗衡。希特勒上台后，废除了公民的所有权利，解散了所有反对他的政党，对和平主义者、犹太人进行残酷迫害，并建造了集中营囚禁反对派人士。长期致力于反战事业的爱因斯坦必然首当其

---

① 爱因斯坦. 爱因斯坦文集：第 3 卷 [M]. 许良英，赵中立，张宣三，译. 北京：商务印书馆，1979：45.

② 爱因斯坦. 爱因斯坦文集：第 3 卷 [M]. 许良英，赵中立，张宣三，译. 北京：商务印书馆，1979：64.

冲。1933 年，在他出访奥尔巴尼期间，德国的冲锋队员闯进其柏林的公寓，恐吓他的继女伊尔莎。虽然爱因斯坦因身处国外逃过一劫，但是这一事件却成为他政治思想的转折点。一向主张以人道主义方式呼吁和平的他，此后便开始主张要用武力消灭法西斯势力。同年 7 月、8 月，爱因斯坦在《要依靠武装力量来保护自己》《只能以军事准备来对付纳粹德国》两封信中，呼吁以完备的军事储备对抗法西斯的无道侵略。

冷战时期，定居在美国的爱因斯坦注意到，从 1950 年朝鲜战争开始，美国变本加厉的军事竞争，对国内公民的正当权利和世界的安定有序产生了威胁。爱因斯坦号召人们抵抗反动政府、清除社会病根。他的这一主张，使他成为美国当局的眼中钉，"美国敌人"等一系列恶名不停地充斥在他的耳边。各种攻击枪林弹雨般夹击着晚年的爱因斯坦，但他依然秉持着一颗赤子之心，直到去世前几个小时他仍惦念着美国侵犯公民自由和美国重新武装德意志联邦共和国的问题。

爱因斯坦毕生都心怀一种无国界、跨民族的大爱，对受苦受难的中国也有着一份特殊的感情。1922 年秋天，日本《改造》杂志社邀请爱因斯坦到日本进行讲学和访问。他和夫人爱尔莎从香港前往日本的途中，在上海停留了 1 天。这位科学巨匠的到来在中国知识界引起了巨大轰动，许多大学生在南京路上为其欢呼，爱因斯坦和妻子还同游了城隍庙、豫园等地。1922 年 12 月 31 日，爱因斯坦从日本返回又停留上海。应上海犹太青年会和当地西方人的学术研究会邀请，于 1923 年 1 月 1 日下午在公共租界工部局礼堂发表了有关相对论的演说。1 月 2 日，爱因斯坦从上海前往耶路撒冷。尽管他在中国的两次行程都比较短暂，但他对饱受苦难的中华儿女表示出深切的同情。欧洲人在上海对中国人民的冷酷压迫给他留下深刻的印象，这使他对五四运动有了深刻的理解。此后，爱因斯坦再未到过中国，但是他对中国人民深深的关切从未中断过。1936 年 11 月，主张抗日的沈钧儒、章乃器、王造时、史良等七君子锒铛入狱后，他联合杜威、孟禄等著名知识分子通电国民党当局，在道义上施加压力，挽救这些正义之士。"二战"期间，饱受战争摧残的

爱因斯坦故居外景

中国处于水深火热中，他又联合罗素等人，于1938年1月5日在英国发表联合声明，呼吁全世界给予中国人道主义帮助。1938年6月，为了帮助中国取得抗日战争的胜利，他还和罗斯福总统的长子一同发起成立了援助中国委员会，在美国2000个城镇开展援华募捐活动。

法国著名作家罗曼·罗兰这样评价爱因斯坦：“他是极少数的几个保持着独立的精神，而没有沾染上普遍奴性的人中的一个。”[①] 和平事业与其科学研究并行不悖，这份坚守贯穿了他整个生命历程。正如他在《反对一切战争的理由》中所说的：“人类的福利必须置于对自己国家的忠诚之上——事实上，必须置于一切之上。”[②]

结语

在《我的世界观》中，爱因斯坦看似矛盾地称自己是一个“孤独的旅客”：“我未曾全心全意地属于我的国家，我的家庭，我的朋友，甚至是我最亲近的亲人；在所有关系面前，我总是感觉到有一定距离并且需

① 布莱恩．爱因斯坦全传 [M]．杨建邺，李香莲，译．北京：高等教育出版社，2012：141.

② 爱因斯坦．爱因斯坦文集：第3卷 [M]．许良英，赵中立，张宣三，译．北京：商务印书馆，1979：32.

爱因斯坦故居外景

要保持孤独——而这种感受正与年俱增。”[①]这种孤独感在他人生很多阶段都起了关键性的作用，由此所体现出来的决绝与冷漠和他的强烈社会责任感与正义感形成了巨大的反差。“在大多数情形下，你刚感受到他的情感表露时，他又立即把你推开。他不愿意显露自己的情感，他随时可以终止他的情感泄露，就像关上自来水的龙头一样。”[②]这是爱因斯坦大儿子汉斯回忆他时所说的。在生活中，即使是和家人、朋友生活在同一屋檐下，爱因斯坦也总是像局外人般存在，仿佛一张床、一张工作台、一把小提琴、一个烟斗就是他的全世界。但是，爱因斯坦的孤独与幽默乐观并不矛盾。孤独是他与宇宙、人事沟通的桥梁，而不是鸿沟。正是基于这种距离感，爱因斯坦能超然地思考宇宙的运行法则，揭示隐藏在

① 爱因斯坦．爱因斯坦文集：第 3 卷 [M]．许良英，赵中立，张宣三，译．北京：商务印书馆，1979：43.

② 丹尼斯·布莱恩．爱因斯坦全传 [M]．杨建邺，李香莲，译．北京：高等教育出版社，2012：224.

天地之间的玄妙规律，也正是由于这种孤独感，他能够不累于凡尘俗世，不为人际关系中的复杂所牵绊。科学研究注定是一条孤独而漫长的道路，只有志同道合的人才能一同前行。“生活就像骑自行车，要想保持平衡就要不断运动。”①带着这种孤独感，爱因斯坦在解密宇宙的道路上从未停止过，也有越来越多的人跟随他的脚步，攀拾探索。

在爱因斯坦生活的年代，很多人把他看成邪教徒、反动派、十足的傻子，也有很多人把他看成科学的象征，看成和猫王、玛丽莲·梦露一样的偶像，他的身影出现在各种明信片、杂志封面、衣服和广告牌上。对于那些空穴来风的诽谤，他一向是不屑一顾的，但对于近乎狂热的崇拜，他同样厌恶至极。也许，只有宇宙世界中的和谐图景才是他的心之所向，为了揭开宇宙奥秘，他无所畏惧地向物理学权威发下战书，一次又一次打破世俗偏见。

20 世纪初，以牛顿力学为基础，在各个方面均取得了丰硕成果的物理学大厦已然形成。这座看似完美的大厦宏伟而威严，就连麦克斯韦和赫兹这样的物理学家都不敢撼动其半分。但是，牛顿力学并不是完美的，很多物理学家已经发现其缺陷，有些人甚至已经走在提出相对论的边缘。“牛顿啊，请原谅我；你所发现的道路，在你那个时代，是一位具有最高思维能力和创造力的人所能发现的唯一道路。你所创造的概念，甚至今天仍然指导我们的物理学思想，虽然我们现在知道，如果要更加深入地理解这种联系，那就必须用另外一些远离直接经验领域的概念来代替这些概念。”②在真理与权威面前，爱因斯坦毅然选择了真理，踏着牛顿、法拉第、麦克斯韦开辟的道路，为真理揭开神秘的面纱，展示出宇宙的真实图景。倾尽一生专注于一项事业是幸福的，不畏世俗权威和

---

① 丹尼斯·布莱恩. 爱因斯坦全传 [M]. 杨建邺，李香莲，译. 北京：高等教育出版社，2012：225.

② 余骥. 自然科学发展对哲学发展的意义——爱因斯坦相对论的哲学意义 [J]. 贵州民族学院学报：哲学社会科学版，2001（2）：33.

学术权威需要莫大的勇气和信念。爱因斯坦对真理、科学的执着成就了其在物理学领域开天辟地的影响，而这也将鼓舞更多人在科学研究的道路上砥砺前行，让真理闪现更加璀璨的光芒。此外，他的真知灼见、坦荡的胸怀和高尚的精神是他一生中抵御攻击的最好的利器。他以虔诚的热情追逐科学真理，以超然的思想关心人类存在，始终有一颗最纯真的心。

（撰稿：乔云凤）

参考文献

爱因斯坦. 爱因斯坦文集：第 1 卷 [M]. 许良英，赵中立，范岱年，译. 北京：商务印书馆，1977.

爱因斯坦. 爱因斯坦文集：第 3 卷 [M]. 许良英，赵中立，张宣三，译. 北京：商务印书馆，1979.

爱因斯坦. 爱因斯坦全集：第 5 卷 [M]. 范岱年，译. 长沙：湖南科学技术出版社，2002.

布莱恩. 爱因斯坦全传 [M]. 杨建邺，李香莲，译. 北京：高等教育出版社，2012.

邓雪梅. 爱因斯坦的里程碑 [J]. 世界科学，2015.

列宁. 列宁选集：第 3 卷 [M]. 北京：人民出版社，1972.

李醒民. 爱因斯坦科学哲学思想概览 [J]. 哲学动态，2000.

马来平. 科学日记 [M]. 济南：山东科学技术出版社，2005.

余骥. 自然科学发展对哲学发展的意义——爱因斯坦相对论的哲学意义 [J]. 贵州民族学院学报：哲学社会科学版，2001.

赵峥. 爱因斯坦与广义相对论 [J]. 物理，2015.

弗兰克

在格林童话中，有一位心地善良的公主远嫁他乡，却不曾想被恶毒的女仆变成了牧鹅女，幸好老国王发现了这一切，她才恢复了公主身份。后来牧鹅少女的形象被铸成一尊雕像，矗立在格林兄弟任教的城市——德国小城哥廷根。在哥廷根，有这样一个习俗，每位获得博士学位的学生只有在毕业之前亲吻了市政厅前的牧鹅少女铜像的脸颊，才算是真正毕业。百余年过去了，牧鹅少女铜像历经岁月的磨洗依旧神采奕奕。她身着一袭长裙，左臂挎竹篮，右手提白鹅，微微颔首，似与鹅群低语，活泼稚气而又不失优雅。在她的注视下，无数学者挥鞭执教，培育英才；莘莘学子迈出校园，开疆拓土。格林兄弟、哲学家胡塞尔都曾在哥廷根大学教书，“铁血宰相”俾斯麦、诗人海涅在此度过学生生涯。在过去的100余年间，这里更是走出了40多位诺贝尔奖得主，哥廷根当之无愧地成为德国的学术之都。

20世纪初，当量子假说犹如暴风骤雨，引发了一场物理学界的“大洪水”时，经典物理学建立起的那个稳固的世界被荡涤干净，直到爱因斯坦、玻恩等人的量子力学横空出世，物理学

弗兰克故居（德国哥廷根）

才迎来了伟大的新生。彼时，这座人口 10 余万的小城成了那场暴风雨的中心，它聚集了世界各地的科学家，詹姆斯 · 弗兰克便是其中一员。1921 年，马克斯 · 玻恩接替彼得 · 德拜担任哥廷根大学物理研究所主任，他上任伊始便力邀好友弗兰克加盟。继 10 年前的弗兰克－赫兹实验后，1924 年，哥廷根的实验室中又诞生了一个冠以弗兰克之名的物理学成果——弗兰克－康登原理。虽然 1933 年希特勒上台后，弗兰克因公开反对纳粹种族政策而辞去教职，离开哥廷根，但这 10 余年时光在弗兰克的生命长河中最为璀璨夺目。玻恩这样评价他的贡献：“他虽不是数学家，但他的工作是理论和实验的完美结合；他有一种不可思议的才能，能够用比较简单的装置把抽象概念转换成实际的证明。”①

弗兰克在醉心物理学研究的同时，还同玻恩一道创设了宽松自由的科研环境，让更多的学者将哥廷根当作心灵之归属。1926 年，物理

① 玻恩. 我的一生[M]. 陆浩，蒋效东，杨鸿宾，译. 上海：东方出版中心，1998：297.

学家海森堡在前往莱比锡大学任教前在信中这样感谢弗兰克："在我离开此地接受我的新职位之前，我要感谢你和你可敬的夫人在我在哥廷根的这些年里给予我热情关照……一个人在哥廷根立即会有宾至如归的感觉，为此我要特别感谢你。我无法想象还有什么比某一天能再次回到哥廷根工作更美好了。"[①] 正是在这样融洽协作的学术氛围中，哥廷根这座科学花园里硕果累累，科学家打破学科壁垒，将数学的方法引入物理学，带来物理学的革命；又将物理学的方法引入化学，带来化学的革命；哥廷根再度成为德国学术的荣耀之地。

时至今日，那个激荡人心的年代已经凝固成一封封泛黄的书信、一张张黑白照片，曾经处于这场变革旋涡中的弗兰克也早已化作一抔黄土。如果你怀着寻古访今之幽思慕名而去，想要踏遍街头巷尾，觅得弗兰克故居，一睹他当年的起居陈设，那么你恐怕要大失所望了。和许多地方将名人故居改造为纪念馆不同，哥廷根的大多数名人故居，或成民居，或作他用，唯有门前的木牌提醒我们曾有一个伟大的灵魂在此驻足。弗兰克的故居现已改造为校舍，故居外斑驳的石墙上爬满了紫藤，向行人细细诉说着弗兰克的过往，将学子们挑灯苦读的身影铭刻留存。步入其中，数扇开阔的落地窗放进一室阳光，将门厅照得敞亮。门厅中间摆置了几张座椅供人谈天歇息，或许在某个冬日的寒夜里，弗兰克也曾与他的三五好友相聚一处探讨物理学问题，他们时而谈笑风生，时而陷入沉思，唯有壁炉内的木柴烧得噼啪作响，火舌摇曳，将他们的面孔映得半明半暗。而如今，只有几名行色匆匆的学生抱着书本穿梭其间，弗兰克的气息已几不可察。不过这并不意味着哥廷根对科学文化名人不屑一顾，对名人故居的保护漠不关心。哥廷根人更看重精神的薪火相传，圈定故居只是单纯的保存，传承精神才是真正的铭记。

---

① 冯诗齐. 科学和良知——诺贝尔物理学得主詹姆斯·弗兰克传记 [J]. 世界科学，2010（08）：41.

作为实验物理学家，弗兰克看重实验数据，但也从不轻视理论成果；作为科学家，他虽兀兀穷年埋首研究，试图与风云变幻的现实保持一分疏离，但他也从未固守象牙塔，忘却知识分子应有的良知。在他居住过的地方有一代又一代的学者前赴后继，攀登学术高峰，或许这才是对弗兰克最好的纪念。

投身物理

1882年8月26日，詹姆斯·弗兰克出生于德国汉堡的一个犹太家庭，他的父亲雅各布·弗兰克对他寄予厚望，希望他能子承父业，和自己一样成为银行家。然而人的一生不是按部就班地将他人预先设计好的图纸付诸实践，而是一个不断探索的过程，在这个过程中，人逐渐认识自我，并据此为自己的未来规划蓝图，而弗兰克走上物理学道路就是这样一个探索自我的过程。

弗兰克可以说是个天才的物理学家，他对一切物理现象都有着与生俱来的好奇心和超乎寻常的探索欲。在一次希腊文课上，烦琐的语法规则令小弗兰克兴趣索然，百无聊赖的他在翻动笔记本时，无意中发现上面有一块油渍，透过这块油渍他能够看到笔记本反面的字迹。这个发现犹如一枚投入池塘的小石子，在年少的弗兰克心底荡起层层涟漪，引发了他一连串的思考。或许对他而言，学习希腊文时总是度日如年，可一旦探索起奇妙的物理现象，时间便稍纵即逝，等他解决了这个问题，老师早已讲完了动词的变化规则。“我对物理学产生兴趣要远早于我知道有物理学这个词。我记得那时身边的每一件事物都总是令我惊奇。”[①] 成年后的弗兰克曾对托马斯·库恩如是说。事实上，在随后的岁月里，弗兰克在少年时代被唤醒的这一点好奇心如星星之火成燎原之势，最终化

① 厚宇德. 玻恩与哥廷根物理学派 [M]. 北京：中国科学技术出版社，2017：275-276.

故居楼梯

作了他持续一生的激情。无论面对怎样的坎坷艰辛，他对物理学的热爱都不曾消减半分，随着弗兰克持之以恒的探索，他开始在物理学研究中崭露头角。

不过对于当时的弗兰克而言，投身物理绝非易事。当时德国的学术风气是重人文科学轻自然科学，人文学科在学院中占据重要地位，自然科学不受重视，人们普遍认为学习自然科学没有前途，加之他的父亲早就规划好了他的人生，要他毕业之后继承家业，弗兰克不得不遵从父命在海德堡大学学习法律和经济。弗兰克硬着头皮上了两学期的法律课，却发现自己的兴趣全不在此，真正令他着迷的是地质学。于是弗兰克便自作主张，改学地质学和化学，他虽报名经济学的课，但从来不去听。弗兰克的父亲得知此事后勃然大怒，先是写了一封言辞激烈的书信，而后和妻子一同来到海德堡，想以此让他的儿子回心转意。在面临人生抉择时，一向顺从听话的弗兰克选择遵循内心的声音。几年后，弗兰克就已凭借他的物理学成就蜚声海外，他这样回忆当年自己是如何劝说父亲的：“如果我不学物理，就会从此不再快乐，而如果我学了物理而无法

故居门厅

自立，我会从那时起不再快乐，我宁可求一时之快乐。”①

1902 年弗兰克来到柏林的弗里德里希·威廉大学（即后来的柏林大学）学习。不久之后，他开始师从埃米尔·沃伯格研习实验物理学，同时选修普朗克的理论物理学。当时实验物理学研究的热门问题是低压气体的放电现象，人们想以此探明原子、电子等粒子的内部结构和运动，因此沃伯格最初交给弗兰克的课题是测量离子在一个点放电时的迁移率，即当空气中产生电火花时离子的移动速度。然而当弗兰克按照老师的要求进行实验时，结果总是不遂人意。这时弗兰克沉静稳重的性格便显露了出来，他不急不躁地一次次调整实验变量，而后夜以继日地守在实验室记录数据。实验报告与演算草稿在他的书桌上堆积如山，可实验却没有丝毫进展。在尝试了诸多可能之后，弗兰克心中终于有了些许计较：气体的放电过程太过复杂，难以从中分析出真正基本的规律，要想探索粒子的运动,应该选择尽可能单纯的条件。确立了这样的思路后，

① 冯诗齐．科学和良知——诺贝尔物理学得主詹姆斯·弗兰克传记 [J]．世界科学，2010（08）：41．

弗兰克犹如一位在黢黑幽深的洞穴中原地打转的探险家，刹那间捕捉到一丝若有似无的光线，从此之后便豁然开朗。很快，弗兰克就找到了一种更有效、更理想的实验条件。电离现象，即原子、分子在和电子碰撞过程中失去或得到电子成为离子的过程，在装有汞蒸气的充气管中更容易被观察到。于是他决定适当调节交变电压的强度和频率以观察电子恰好到达充气管正极时的情况，随后一切都迎刃而解，弗兰克发现电子和一些惰性气体原子之间只有很小的作用。这个发现就像弗兰克当年在课堂上发现的那块油渍一样，激发了他的探索欲，弗兰克也由此叩响了物理学研究的大门。

斩获诺贝尔奖

1906 年，弗兰克获得博士学位，随后在柏林进行博士后学习研究。从 1911 年开始，他和古斯塔夫·赫兹合作，共同研究电子和原子之间的弹性碰撞。现在我们知道原子是由原子核和绕核运动的电子组成的，而电子是带负电的亚原子粒子，它既可以被原子核束缚，也可以摆脱这种束缚。当电子与原子碰撞时，如果加速电子的能量大到足以把原子内的电子撞击出去，使原子变成正离子，那么这时用以加速电子的电势就称为电离电势。当时的人们对于各种原子的电离电势的研究还不够深入，弗兰克和赫兹进行量化实验的目的，就是要比较准确地测出电离电势的数值。

经过 3 年艰苦卓绝的探索，弗兰克和赫兹终于在 1914 年攻克了这一难题。他们发现，当不断加速的电子穿越汞蒸气时，如果电子的动能小于 4.9 eV①，碰撞便是弹性的，即电子能够改变方向，但速度大小不变；当电子的动能达到 4.9 eV 时，许多碰撞变成完全非弹性的，电子把它

① 电子伏特：能量单位，单位符号为 eV，代表一个电子经过 1 伏特的电压加速后所获得的动能。

的全部动能交给原子；如果电子的动能继续增加，许多电子仍然会将4.9 eV 交给原子，然后以减去这个值的能量继续向前。依据这一实验结果，弗兰克和赫兹认定汞的电离电势是 4.9 eV，然而年轻的丹麦理论物理学家尼尔斯·玻尔对此却有着不同的解释。

1915 年，玻尔借鉴了普朗克的量子假说，在卢瑟福“原子行星模型”的基础上提出了崭新的原子模型理论。玻尔认为电子在一定的线性轨道上绕核运行，正如太阳系的行星绕太阳运行一样，但电子的轨道是分立的，当电子从一个轨道跃迁到另一个轨道时，原子会不连续地释放或吸收能量。所谓跃迁，是指当原子等微观粒子的状态发生改变时，它不是如经典热力学中所认为的那样连续释放或吸收能量，而是以量子为单位不连续地传递能量，从一个状态跳跃到另一状态。因此，在波尔看来，弗兰克－赫兹实验正显示了这一过程，实验中测得的 4.9 eV 不是原子的电离电势，而是一种能量差，在实验中观察到的电离现象不是电子撞击的直接后果，而是一种次级效应。这个实验就像一把锋利的斧头，将经典物理学大厦的地基凿开了一条缝隙，同时也为量子假说提供了最直接的证明。玻尔的理论甫一问世，并未得到弗兰克的认可，直到 1916 年弗兰克仍旧坚持自己的看法。但随着研究的深入，弗兰克渐渐意识到玻尔的诠释毫无牵强附会之处，于是他不得不承认玻尔的解释揭示了这一实验的真正意义。

由于发现了电子与原子碰撞的规律，特别是证实了玻尔的假说，1925 年弗兰克和赫兹一同分享了诺贝尔物理学奖。弗兰克在获奖词中首先感谢玻尔等理论物理学家对他的影响：“感谢工作的机遇，感谢命运能让我在这个科学蓬勃发展的时代贡献力量，为量子和原子理论添砖加瓦，特别要指出的是，这一了不起的理论是由普朗克和尼尔斯·玻尔提出的。”同时，弗兰克还回顾了研究物理学给他带来的快乐：“赫兹和我在一起经历了很多美好的事情，我们也曾一同度过艰难的时刻。所以，我深知我也可以代表他说，我们永远将踏入自然王国永恒美丽的草地视作最高的特权……”

弗兰克凭借他和赫兹的实验获得诺贝尔奖，他本人也以实验物理学家的身份而闻名于世，但他从来没有轻视过理论物理学的作用，恰恰相反，理论物理学在他心中打下了深深的烙印。当弗兰克潜心于电子和原子的碰撞实验时，他并不知晓玻尔的观点，然而弗兰克－赫兹实验最终成为玻尔理论的重要依据，最直接地证明了原子内部的能量也是量子化的，这绝非偶然。理论与实验之间不是井水不犯河水，弗兰克或许没能像爱因斯坦、玻尔等人那样提出足以掀起物理学革命的天才理论，但这绝不意味着弗兰克缺乏理论素养。如果说整个物理学史是一部宏大深邃而又不失美妙精致的复调音乐，那么理论与实验就是这部作品中两条彼此独立却又相得益彰的旋律，它们时而同步发展，时而交错进行。每一个物理学家都是这部复调音乐中的演奏者，他们都必须小心翼翼地把控这两条旋律，如果他们顾此失彼，将注意力只倾注于某一条旋律，那么整部乐曲的艺术效果便会大打折扣。而弗兰克作为一名技巧高超的演奏者，深谙此理：一方面，弗兰克将自己演奏的部分雕琢得炉火纯青，臻于完善；另一方面，他又侧耳倾听理论的声音，与其遥相呼应。他的合作者赫兹曾说过，虽然弗兰克主要从事实验工作，但他有着清晰敏锐的

故居内景

二楼廊道

理论头脑，实验中的许多新想法都是他提出来的。弗兰克早年接受的严格的理论物理学训练使得他对理论有着非同寻常的敏感,当他思考问题、设计实验时，理论素养和实验精神在他身上实现了完美的融合，正是这种融合最终成就了弗兰克。

结交挚友

哥廷根人没有以保留名人故居的方式纪念名人，但这些名人以及他们所取得的成就并不会因此被锁在哥廷根人的记忆中,任由其落满尘埃。如果你沿着绿树掩映下的鹅卵石小路在哥廷根漫步，就会发现这座小城里每一条街道的名字都如雷贯耳，它们都以当地的名人命名，可以说每一条街道都因此染上了历史的厚重感，而这些在历史长河中熠熠生辉的名人也因融入哥廷根人的日常起居之中而让人感到平易近人。在这其中，以弗兰克命名的街道颇为特殊，它被称作玻恩-弗兰克环道，这条环道的名字不仅记录下玻恩和弗兰克携手取得的辉煌成就，也见证了二人持续一生的友谊。

弗兰克与玻恩的友谊最初是在海德堡大学读书时结下的，当时的弗兰克对玻恩赞赏有加："虽然他比我小几个月，但是他早我一年已经开始了（对科学的）学习与研究。所以，我们认识时他比我成熟一些。但是（那时）他在学数学。在清晰表达自己的想法方面，在驾驭优美的言辞方面，他一直远远超过我。"① 而玻恩则被弗兰克专注的科学精神打动。有一次，玻恩和他的表兄汉斯以及弗兰克一同去远游，当另外两人被身边的美景所吸引时，痴迷于地质学的弗兰克却手握一把锤子，时不时打量着身侧的岩石，准备寻找合适的样本带回实验室研究。望着弗兰克屏气凝神采集岩石样本的模样，玻恩的脑海中闪现出一个念头，弗兰克将会对自己的科学研究起到举足轻重的作用。多年之后，这个念头的确成为现实了，不过玻恩未曾料到的是弗兰克不仅影响到了自己的科学研究，两人还将共事多年，惺惺相惜，成为至交。

1921 年，玻恩担任哥廷根大学物理系主任兼理论物理学教授，他走马上任之后的第一件事便是邀请弗兰克来到哥廷根，并尽其所能给予弗兰克科研资助，在给爱因斯坦的信中他如是说："弗兰克现在确定到哥廷根了，他在那里必定有充分的自由，所以我忙于为他筹措经费。迄今为止，我已得到 68000 马克……维恩得到了整整一百万马克来重新装备他在慕尼黑的研究所。我认为，维恩有的，弗兰克也应该有。"② 不久之后，在哥廷根大学的讨论会上便时常见到这样的场景：玻恩在黑板上奋笔疾书，写下大串公式，而后便兀自滔滔不绝地讲解起来。玻恩讲得兴味盎然，但他艰深晦涩的思路却令众人面面相觑、一头雾水。弗兰克见状，便走上前去，拿起粉笔，不疾不徐地开始用自己的方式解释起来。他先是在黑板上绘制无数的曲线，然后让人们将他的双拳想象为原子核。当弗兰克一边挥动双拳，一边用他那沉稳洪亮的声音将分子碰撞问题娓

① 厚宇德. 玻恩与哥廷根物理学派 [M]. 北京：中国科学技术出版社，2017：280.

② 古道尔. 玻恩——爱因斯坦书信集（1916—1955）：动荡时代的友谊、政治和物理学 [M]. 范岱年，译. 上海：上海科技教育出版社，2010：62.

娓道来时，人们的头脑不再是混沌一片，此前玻恩所推演出的公式顿时变得清晰易懂起来。

玻恩擅长抽象的思考，弗兰克虽然深谙数学和量子力学，但他更喜欢以直观的方式表述。作为理论物理学家的玻恩从弗兰克的实验中获益匪浅，实验展示给玻恩的事实使他坚信微观粒子的概念具有合理性："我在弗兰克关于原子和分子碰撞的卓越的实验中每天都目睹粒子概念的丰硕成果，因而确信，粒子不能简单地离解。必须发现使粒子和波一致起来的途径。"①在玻恩的帮助下，弗兰克的研究更上一层楼，他开始通过观察电子碰撞现象探究分子离解现象。弗兰克发现电离电子与原子的碰撞发生得极快，分子中各原子核的位置及其环境可视为几乎不变，于是继弗兰克－赫兹实验之后，弗兰克又在物理学史上挥笔写下了浓墨重彩的一页，这就是弗兰克－康登原理。它最初由弗兰克发现，而后康登运用数学方法进行了论证。这一原理在弗兰克的研究生涯中具有承前启后的地位，它是弗兰克此前研究的深化，而弗兰克晚年将研究兴趣转向光合作用，就是以这一原理的拓展为基础的。

弗兰克与玻恩之间的默契合作不仅成就了彼此，而且还带动了身边其他物理学家打破理论物理学与实验物理学之间的壁垒，从而在哥廷根营造出融洽自由的学术氛围。在这里，物理学就是日常生活，日常生活都是关于物理学的。教授和助教不拘礼节，平等相处。他们会在午休时沿着清幽寂静的街道结伴骑行，会在炎炎夏日带着三明治到湖畔野餐，会为刚刚在实验室测得的数据争论不休，也会在深秋时节登上俾斯麦塔俯瞰全城。此时的哥廷根就像一块巨大的磁石，吸引海森堡、泡利、狄拉克等优秀学者前来，20世纪物理学最重要的理论体系——量子力学的矩阵力学形式诞生于此，量子场论等物理学新领域在此发端。物理学家艾尔萨瑟就曾说过："我听到的所有关于马克斯·玻恩和詹姆斯·弗

---

① 玻恩．我的一生和我的观点[M]．李宝恒，译．北京：商务印书馆，1979：13.

兰克的故事都说，他们走得很近，相交甚密。我一直讶异为什么性格如此截然不同的两个人，会成为知己而毫无摩擦。我个人认为，他们的合作是首要的基础，奠定了哥廷根在20世纪20年代世界物理学中心的地位。”①

不久之后“二战”爆发，曾经花团锦簇的哥廷根顿时成了一片荒漠，但这对挚友的情谊不仅不随事迁，反而愈久愈深。弗兰克早在1925年便获得了诺贝尔奖，而玻恩虽然早就因他对量子力学做出的统计解释而享有盛名，但直至1954年，诺贝尔物理学奖的奖章才挂到了他的胸前。1952年，玻恩七十大寿之际，弗兰克从美国寄来贺信感谢玻恩的赏识，并安慰他说："你自己要正确意识到你是谁，以及你的工作的价值。这样你就不会担心自己收不到官方信函（诺贝尔委员会的通知）。”②此外，弗兰克分别于1947年、1948年、1949年和1954年先后4次推荐玻恩作为诺贝尔物理学奖候选人。玻恩获奖是实至名归，但也离不开弗兰克的大力举荐。弗兰克和玻恩个性迥异，研究领域也不尽相同，但他们都深知对方的优点，所以能在坚持自己的个性和研究兴趣的同时，又积极借鉴对方的长处，真正做到了和而不同，而他们这段友谊最终也成为物理学史上的一段佳话。

出走故土

1933年希特勒上台，开始施行种族政策，大学里的犹太教工纷纷被解雇，一时间风声鹤唳，人人自危，弗兰克醉心学术的岁月很快化作过眼云烟。由于弗兰克在“一战”期间服过役，当局允许他继续在哥廷根大学任教，但前提是他必须辞退身边非雅利安人的同事和学生。身在

① 厚宇德. 玻恩与哥廷根物理学派[M]. 北京：中国科学技术出版社，2017：281-282.

② 厚宇德. 玻恩与哥廷根物理学派[M]. 北京：中国科学技术出版社，2017：284.

屋檐下，不得不低头，对于很多人来说，委曲求全、明哲保身或许是不二之选，然而一向温和谦逊的弗兰克却又一次选择遵从自己的本心，良知驱使他毅然决然地辞去教职，并在报纸上发表了辞职声明以表明自己的立场："祖国将我们犹太裔当作敌人而非德国人，可以想见我们的孩子将在这样的环境中长大——祖国不允许他们证明自己是值得尊敬的德国人。曾经参加过战争的人都获准继续为国家效力，他们如今将坚守岗位视为自己的义务，但我拒绝行使这项权利，尽管我理解他们的处境。"弗兰克此举旋即令他成为众矢之的，当地文化界对弗兰克展开了口诛笔伐，一家亲纳粹的报纸发表了一封由 42 名哥廷根讲师联名签署的公开信，谴责他"貌似温和的辞职就是一种蓄意破坏的行为"。

故居外梯

弗兰克的声明使得自己没有半点退路，他不得不离开昔日的学术伊甸园。时局动荡不安，自顾尚且不暇，可是在风雨飘摇之中，弗兰克没有选择独善其身，当他看到还有更多的犹太裔研究者因为受到纳粹迫害而流离失所时，他的良知令他无法袖手旁观。如果说弗兰克与纳粹公开决裂，表达了他宁愿走出屋檐也绝不低头的信念，那么在出国教书、访学期间，他不遗余力地动用自己的关系为犹太研究者和学生寻找国外的工作机会，则是在为更多无法在屋檐下存身的人们寻找新的庇护所。曾经受到过他帮助的犹太裔实验物理学家埃里米奥·塞格雷就在自传中写道："在所收到的鼓励性友好信件中，记得有一封是来自詹姆斯·弗兰克……由于弗兰克是物理学界的大人物，又因不仅有勇气，也心肠好而闻名，我认为他收到过很多请求帮助的信。我给他写信后，他于 1939 年 9 月 1 日回信表示关切和鼓励。发觉用英语口授给秘书的话还不够分量，他用德语加了几句，‘我的确对你的事深感乐观，因为人们不会放着你这样的人才不用的’。”①

离开哥廷根后，弗兰克在世界各地辗转，他先是应邀前往伊斯坦布尔和贝尔格莱德教书。1933 年 10 月，玻尔向弗兰克伸出橄榄枝，于是弗兰克又在哥本哈根从事了一年左右的核物理研究，直到他来到大西洋彼岸，开启了人生的另一段旅程。

再攀高峰

诺贝尔奖是一个科学研究者所能获得的最高荣誉，一个人如若只是为了获奖而研究，那么在他获此殊荣之后完全可以就此止步。然而对于弗兰克而言，科学研究是本性使然，它不是扬名立万的资本，也不是糊口度日的手段。因此，尽管弗兰克很欣赏玻尔的研究，但由于他的兴趣并不在此，哥本哈根就只能是弗兰克的一个中转站，在他的生活安定下来之后，他必定要寻找一个平台供他继续研究。弗兰克早年对微观领域内的能量转化规律十分感兴趣，于是他在到美国的约翰·霍普金斯大学之后，将目光聚焦于自然界中的能量转化，研究在光合作用中叶绿素是如何利用阳光合成碳水化合物的。1938 年，弗兰克获得了芝加哥大学的教职，并开始组建团队，系统研究光合作用。弗兰克对光合作用的研究持续了半生，也正是这一系列研究使得他登上了他研究生涯的第二个高峰。

研究伊始，身为实验物理学家的弗兰克想要效仿 18 世纪的植物生

① 塞格雷. 永远进取——埃米里奥·塞格雷自传 [M]. 何立松，王鸿生，译. 上海：东方出版中心，1999：181-182.

理学家和有机化学家，通过定量实验描述可见光转化为化学能的过程，1938年，弗兰克与爱德华·泰勒合作撰写了一篇论文探讨晶体吸收光的过程。弗兰克本想以简驭繁，用简洁明晰的方法厘清复杂的光合作用原理，然而研究越深，突破越难。他曾向好友莉泽·迈特纳吐露个中艰辛：“它和物理学截然不同。在物理学中，最简单的解决方案几乎总是正确的，但在生物组织中绝非如此。大自然有时间采用非常复杂的途径解决问题，因为为了防止出差错，它们要提供尽可能安全的措施。我认为我已经明白了光合作用中的物理化学部分，我对化学的部分其实没什么兴趣，但我要尽可能弄清楚。”

实验停滞不前，弗兰克的思路也无人认可，当时的人们更关注二氧化碳转化为糖的化学过程，而弗兰克研究的是可见光如何转化为化学能，他的这一系列研究并未引起其他研究光合作用的科学家的重视。不过这一切并没有令他气馁，因为不久之后他便意识到叶绿素荧光在光合作用过程中发挥着重要作用，几乎所有光合作用过程中的变化都能通过它反映出来，于是他将注意力转向了活体细胞中的叶绿素荧光。弗兰克发现高强度光照下活体叶绿素荧光的产量是在弱光条件下观察到的2倍，这一发现使得他不断完善光合作用的生物化学和生物物理学模型。1949年，弗兰克从芝加哥大学退休，他的好友汉斯·加弗龙接替了他的工作。心脏病多次发作令弗兰克的身体每况愈下，但年迈的他仍然在芝加哥大学的实验室中发挥着重要的作用，在自然王国的田地中辛勤地耕耘。

坚忍不拔的意志最终让弗兰克拨云见日。美国艺术与科学研究院在1955年为他颁发了拉姆福德奖，以表彰他在光合作用研究中做出的贡献。这枚奖章的分量自是不如30年前弗兰克获得的那枚诺贝尔奖奖章，然而对于一个将全部激情都投入到科学研究之中的人来说，名望与头衔不过是身外之物，探索到自然王国的奥秘才是最高的荣誉，只要这样的探索于人类福祉无损，那么对这一最高荣誉的追求便永无止境。战争只能中断他的实验，病痛只会放缓他的研究，唯一能阻挡他攀登科学高峰脚步的，只有死亡。直到弗兰克去世前的几周，《理论生物学杂志》还收到了弗兰克和罗森伯格合写的论文，这也是弗兰克撰写的最后一篇论文，在这篇论文中弗兰克概述了光合作用的运行机制。时至今日，随着对光合作用的进一步深入研究，人们已经意识到弗兰克研究的意义，他提出的模型成为光合作用研究的理论基础，并对化学与生物学学科产生了深远影响。

坚守良知

“提起我们科学工作者当前的社会任务，势必要解释 3 个问题，才能弄清楚我们的处境。那就是：过去我们为什么要躲在所谓象牙之塔里？后来为什么又离开了它？如今离开它之后，还打算做些什么？”①1947 年 2 月 28 日，弗兰克在芝加哥原子科学家紧急委员会上提出的这 3 个问题振聋发聩。作为一名科学家，弗兰克的一生主要是同实验仪器打交道的，然而象牙塔外的暴风骤雨却使得弗兰克一次次地从象牙塔中走出来，起初他是被动回应，但随后他便是以一种积极主动的姿态参与到象牙塔外的事务之中了。

“一战”期间，身为德国公民，弗兰克责无旁贷地应征入伍，然而他温文尔雅的个性与军队作风格格不入。据与他一同参军的人回忆，他第一次指挥一个小队时喊的口令是“小队，请向右转”。随后不久，弗兰克以工程师的身份被派往前线，并在德国物理化学家弗里茨·哈伯的领导下从事防护系统的研究，检验防毒面罩和过滤装置，直到他因染上痢疾而离开部队。

“二战”爆发之后，弗兰克不得不中断研究，告别挚友，离开故土，甚至连他的诺贝尔奖奖章的命运也一波三折。为了躲避纳粹的追捕，弗兰克将他的奖章寄存在哥本哈根玻尔的研究所里，然而好景不长，丹麦

---

① 弗兰克. 科学工作者的社会任务[J]. 钟汉，译. 科学时代，1947，2（6）：10.

很快也被德国占领。眼看着纳粹步步逼近研究所，当时在研究所工作的匈牙利化学家乔治·德海韦西情急之下灵机一动，将它和另一位诺贝尔物理学奖得主马克斯·冯·劳厄的奖章用王水溶解掉。纳粹前来搜查时，只把那瓶王水当作普通的化学试剂，于是弗兰克的奖章安然躲过一劫。直到1950年，玻尔才小心翼翼地将那瓶溶液端下来，把溶液中的金析出来之后送还诺贝尔委员会重新铸造。直到1952年，弗兰克的这枚奖章终于物归原主。

1941年12月珍珠港事件爆发，美国政府召集了一大批顶尖物理学家参与研制核武器，即“曼哈顿计划”，其中弗兰克被分配到芝加哥大学的冶金实验室工作。诺曼底登陆后，欧洲战场的局势已经扭转，德国并未成功制造出原子弹的事实也变得越来越清楚，这些科学家由此认为无须使用原子弹也能结束战争。更何况随着与政府合作的不断深入，他们深知，作为科学家的他们有责任让决策者认识到控制核武器发展的必要性，因为他们是少数几个拥有核武器方面的知识并知晓这种武器破坏力的人。于是弗兰克等7位科学家联名起草了一份报告，警告美国政府不要对人口稠密的城市使用原子弹，这份报告后来被称为“弗兰克报告”。

“我们认为使用核弹对日本进行突袭并非明智之举。如果美国首次使用这种会伤及无辜的新型武器，它就会失去全世界公众的支持，就会挑起军备竞赛，并会不利于未来国际社会在控制这种武器时达成一致。”弗兰克忧心忡忡地在他的报告里写下这样的字句。然而决策者们还是一意孤行，战后的军备竞赛更是愈演愈烈。弗兰克不得不在各种场合下大声疾呼，告诉人们：原子弹所制造的不过是一种“虚浮的安全感”，而这种虚浮的安全感“正在迷诱着人类走向另一次大战——一次毁灭全世界人种和整个文明的大战”[①]。与此同时，他的内心也在进行一场信仰的

① 弗兰克．科学工作者的社会任务[J]．钟汉，译．科学时代，1947，2（6）：10.

交战，他开始叩问自己的良心，思索科学家应当发挥怎样的作用。科学不只是改善物质生活的手段，科学家也不能只研究纯粹的自然知识，他还要关怀人类，放眼未来，运用自己所掌握的知识肩负起一定的社会责任。

如果说“一战”是弗兰克生命中的一个插曲，那么“二战”就是他人生的转折点，给他的心灵蒙上了挥之不去的阴影，然而对纳粹当局的不满冲不掉他对德意志这片土地的深深眷恋。1935 年 6 月 11 日，弗兰克在给海因里希·库恩的信中这样写道：“对于美国之行，我提不起太大的热情。”而此时距他登上美洲大陆还有不到 10 天。当他手里攥着去美国的船票时，他没有一丝欣喜，因此当战争的硝烟散去之后，弗兰克的这份眷恋驱使他同自己的祖国和解。1948 年，弗兰克接受马克斯·普朗克学会的邀请成为其通信会员，3 年后，弗兰克同赫兹一道被授予马克斯·普朗克奖章。

1964 年春天，82 岁的弗兰克再次踏上了哥廷根的土地。30 年的时光可以改变很多，它足以使一个年富力强的中年人变成白发苍苍的耄耋老人，然而这 30 年却没给哥廷根留下太多的印记。牧鹅少女的嘴角依然噙着笑意，一群白鸽一如既往地在她身边盘旋，悠然自得，街道两旁的店铺陈设如旧，气氛如旧，一切都恍如昨日。面对此情此景，人们难免会感喟物是人非，所幸对弗兰克而言，记忆之景未曾变换，旧日知己也并未全非。在哥廷根小住的日子里，弗兰克四处拜谒好友，

故居外景

在与好友奥托·哈恩彻夜长谈之后，弗兰克因心脏病突发于 1964 年 5 月 21 日清晨离开人世。弗兰克一生中最美好的时光都是在哥廷根度过的，因为在那里他能够专心致志地钻研物理学，他的一生也是在这个学术伊甸园画上了句号。弗兰克为物理学而生，他也用尽一生热爱物理学，在物理学研究这个恢宏浩大的乐曲中谱写出了属于自己的乐章，而一曲奏罢，他谱写的那一串串动人的音符仍久久回荡在后人的心中。

弗兰克从来都不是一个振臂一呼、应者云集的英雄。他曾出于良心挺身而出，但他无法力挽狂澜，历史的车轮并不因他而改变行进的方向；他虽然在报纸上公开与纳粹为敌，但他无力阻止希特勒的反犹太行动；他曾奋笔疾书，写下“弗兰克报告”，然而广岛和长崎还是升起了冲天的蘑菇云。当人类被狂热的欲望裹挟时，单凭他和其他几位有良知的科学家是无法扭转乾坤的。但是，我们依旧可以用“伟大”这个词来形容他，因为作为一位科学家，弗兰克显得不那么“纯粹”。弗兰克专注内敛的性格决定了他更愿意做纯粹的科学研究，他的目光总是注视着那些永恒的事物，但是社会现实使他无法不问世事。象牙塔之外的世界令他疲惫，在给玻恩的信中弗兰克曾流露出倦怠之感：“我讨厌卷入任何政治之中，讨厌被公众注意。”然而对于一切有关人类和时代的日常活动，他还是照常参与，因为良心不允许他“躲进小楼成一统”。战争的残酷让他明白科学家有责任和义务以知识和技术影响社会发展进程：“如果让那批对于原子核物理学并无实际知识的家伙强行把持秘密，便一定会潜伏着无边的祸害。我们也明白，那些科学上有价值的研究，如果被一些人密不透风地保藏起来，也一定会妨碍了它的进步。”①

当我们审视弗兰克的一生时，我们既能够看到他的科学成就在日后产生的深远影响，也能够看到当他履行社会责任时，他虽然没有铸就惊天动地的伟业，但仍然遵从自己的本心去行动，而且正如 H. G. 库恩

---

① 弗兰克．科学工作者的社会任务 [J]．钟汉，译．科学时代，1947，2（6）：10.

对弗兰克公开辞去教职一事的评论："不论是他还是别人都不会认为此举能影响事态的发展，但这样做是正确的，而且这件事将被那些在德国大学中反对种族歧视和镇压学术自由的少数公开抗议者铭记于心。"正因弗兰克知其不可为而为之，他的良知与责任感才显得弥足珍贵。

1962年，当整个人类社会都笼罩在古巴导弹危机的阴云之下时，瑞士作家弗里德里希·迪伦马特创作了话剧《物理学家》。迪伦马特借剧中人物默比乌斯之口道出了科学研究应有的底线："有的风险是切不可冒的：人类的毁灭就是属于这样的风险。"[①]当科学家们在自然的王国里遨游时，他们早已走到了道路尽头："我们的科学已经变成恐怖，我们的研究是危险的，我们的认识是致命的。现在摆在我们物理学家面前的唯一出路是向现实投降。"[②]我们可以看到几十年前弗兰克的所思所想与之何其相似，但默比乌斯是思想上的巨人，行动上的矮人，他把勇气看作一种罪行，最终向淫威屈服而没有向现实投降，然而弗兰克不仅如是想，他也如是行动。对弗兰克而言，科学家在探索自然规律之时应当怀有一往无前的魄力，他在少年时代便立下如此志向，并坚定不移地踏上物理学研究之路，即使这条路上荒草丛生，荆棘遍地，他也初心不改。但是，弗兰克也深知科学研究的后果涉及全体人类，而人从来都是目的而非手段，所以科学家应当将人类的未来作为其最终目的，不能为了研究而研究。正是在这样的信念驱使下，弗兰克曾抗议纳粹的种族政策，哪怕代价是结束安逸舒适的学术生涯，被迫流亡海外；他也曾在"二战"结束前夕撰写"弗兰克报告"，为禁止使用核武器而奔走呼号。在他看来，勇气不是罪行，对社会问题漠不关心才是。因此，约斯特·莱姆里希将他给弗兰克写的传记取名为《科学与良知》，是再贴切不过了。弗兰克

① 迪伦马特．迪伦马特喜剧选[M]．叶廷芳，黄雨石，张荣昌，译．北京：人民文学出版社，1981：500.

② 迪伦马特．迪伦马特喜剧选[M]．叶廷芳，黄雨石，张荣昌，译．北京：人民文学出版社，1981：501.

的一生是用科学与良知谱写的二重奏，他曾因此而痛苦，也因此而伟大。

（撰稿：李鹿鸣）

参考文献

玻恩. 我的一生 [M]. 陆浩，蒋效东，杨鸿宾，译. 上海：东方出版中心，1998.

迪伦马特. 迪伦马特喜剧选 [M]. 叶廷芳，黄雨石，张荣昌，译. 北京：人民文学出版社，1981.

弗兰克. 科学工作者的社会任务 [J]. 钟汉，译. 科学时代，1947，2(6).

冯诗齐. 科学和良知——诺贝尔物理学得主詹姆斯·弗兰克传记 [J]. 世界科学，2010（08）.

古道尔·玻恩——爱因斯坦书信集（1916—1955）：动荡时代的友谊、政治和物理学 [M]. 范岱年，译. 上海：上海科技教育出版社，2010.

厚宇德. 玻恩与哥廷根物理学派 [M]. 北京：中国科学技术出版社，2017.

梅拉，雷琴堡. 量子理论的历史发展：第 1 卷第 1 分册 [M]. 戈革，陈国柱，黄纪华，译. 北京：科学出版社，1990.

塞格雷. 永远进取——埃米里奥·塞格雷自传 [M]. 何立松，王鸿生，译. 上海：东方出版中心，1999.